「仕事を続けられる人」と「仕事を失う人」の習慣

「人生100年時代」会社勤めでも
独立しても食っていける習慣

前川孝雄
maekawa takao

はじめに

就・転職の売り手市場化や賃上げニュースが流れる一方で、巷《ちまた》では早期退職やリストラなどで「仕事を失った人」の話題に事欠きません。本書を手にしたあなたは、今は正社員として働き相応の収入を得ているとしても、他人ごととは思えないのではないでしょうか。

かつて、ビジネスパーソンのキャリアは、横並び、右肩上がりで思い描くことができました。しかし、その「幻想」はもはや崩れ去りました。40代、50代でも管理職になれない人が当たり前にいる状況です。

厳しい出世競争を勝ち抜かなければ、右肩上がりに増えるはずだった給料も、想像していたものよりはるかに低いラインで横ばいとなるか、むしろ減ってしまうかです。

これからは「人材の淘汰」の時代です。

会社から必要とされるのは、「どこへ行っても通用する人材」ですから、「なんとかして会社にしがみつく」という考え方では、会社に居続けることは難しくなるでしょう。

もちろん、会社に依存せずに独立して「安定」を手に入れることは、さらに容易ではありません。

私はかつて、ビジネスパーソンの資格取得やスキルアップを支援する雑誌編集長を務めていましたが、将来不安が強まると「何か資格を取得しよう」「手に職をつけよう」という気運が強くなったものでした。

今も、「会社には頼れない」「自分の力で食べていく力を身につけなければ」という思いを抱く人たちは、まずそのように考えるケースが多いのではないでしょうか。

しかし今後は、いかに難関であっても、**資格や技術を習得するだけで、将来にわたって安定した収入が約束されることはありません。**

資格に関して言えば、例えば、司法試験に合格して弁護士になったとしましょう。肩書きだけ見れば花形職業と思われますが、競争が激しくなる中で、単に法律に詳しいだけでは決して高収入が約束されるわけではない、というのが現実です。苦労をして司法試験に合格し、開業しても、年収100万円台という生活保護受給者並みの収入しか得られない人たちが、実は少なくありません。

　また、ＩＴの進化は、苦労して身につけた職業技術もすぐに陳腐化させてしまいます。

　野村総合研究所がオックスフォード大学のマイケル・Ａ・オズボーン准教授らと行った研究によれば、日本の労働人口の49％が、10〜20年後には人工知能やロボット等で代替可能になるとのことです。２０１５年に発表されたこの研究結果は、ニュース等でも大きく取りあげられ、話題になりました。

　事務、オペレーター、工場労働をはじめとする定型的な業務は、いずれ人間でなくても務まる仕事になってしまいます。「定型的な業務」とは、単に単純労働という意味ではなく、そこには、会計監査係員や通関士といった職種も含まれます。**高度な知識・技術や複雑なプロセスが要求される仕事でも決して安泰ではない**のです。


　このような時代に「仕事を失う人」に陥らず、「仕事を続けられる人」になるためにはどうすればいいのでしょうか。

　悲観的な現実をお話ししてきましたが、実は私は将来を楽観視しています。「仕事を続けられる人」に変わっていくためには、特別な才能を持つ特別な人になる必要はなく、すべての人たちに可能だと考えているからです。

そのためには、これまでの日本の働く社会があなたに刷り込んできた常識を疑い、新しい時代に求められる新しい常識を知ることからはじめます。そして、その常識のもとで求められる働き方を学び、行動や習慣を変えていくことで、誰もが希望ある将来を手に入れられます。


では、「仕事を続けられる人」になるためには、どのような行動や習慣が必要とされるのでしょうか。ポイントは3つのプロセスに分けられます。


一つ目は、**自ら仕事や役割を作り出す**ことです。

これからは、人から言われた仕事を愚直にやるだけでは、あなたの介在価値はどんどんなくなり食えなくなっていきます。自分の食い扶持につながる仕事の有無を他人に委ねるのではなく、自分が決定権を握るのです。

ただし、これは上司から言われた仕事を拒め、ということではありません。むしろ、言われた仕事の目的や背景を洞察し、期待を上回るような仕事や役割を提案し創り出すことを指しています。ここには、考える力、提案する力、合意形成する力などが求められます。

二つ目は、**周囲の人を巻き込むこと**です。

周囲の人とは、社内の先輩、上司、後輩、経営層、同僚、他部署、取引先、顧客など社外ネットワークなどを指します。自ら仕事や役割を作ったとしても、それを実現しなくてはなりません。たいていの場合は、仕事は一人では完結せず、多様な人たちとの協働によって成り立っています。「仕事を続けられる人」になるには、自分を動かす仕事から人を動かす仕事へシフトしていくべきなのです。

三つ目は、**生産性を高めてしっかりと成果を上げること**です。

稼ぎを得るためには、そもそも自分が手掛けた仕事がしっかり収益に結びつかなければいけません。仕事を続けられる人になるには、長時間働いて残業代で収入を増やすという考え方を捨てることです。無意味な作業や手続きを見直し、意味のある仕事に力を注ぐべきです。そのうえで「自分はどれだけの成果を出して、どれだけの収益を生み出したのだから、そこから拠出される正当な給料はいくらです」と、計算できる思考を持たなくてはならないのです。つまり、時間ではなく、成果にこだわって働くのです。

さらには会社の収益のうち、自分の貢献度がどの程度で、税金や社会保障費用まで勘案して、手取りいくらになる、と自分の収入に落とし込めて、はじめて「仕事を続けられる人」の仲間入りができるのです。

人生100年時代とも言われます。20代から80代まで、60年働くことが視界に入ってきました。一方で**企業の寿命は30年とも言われ、もはや会社任せでキャリアが築け、食い扶持を得て仕事を続けられる人は少数派なのです。**

「仕事を続けられる人」になるためには、他者から管理・支配されるのではなく、自分の立てた規律や規範に則って働ける自律型人材を目指すのです。会社に所属しながらも会社の枠を越え、多様な人たちと連携していける商売人魂を育むのです。

逆説的ですが、会社に求められる人は、社外でも通用する人材です。

本書では、第1章で「仕事を続けられる人」を目指すための前提として「心構え」を押さえたうえで、第2章では「仕事や役割の作り方」を、第3章では「人の巻き込み方」を、

第4章では「生産性・成果の上げ方」をお話ししていきます。

また第5章では、『仕事や役割を作る→人を巻き込む→生産性・成果を上げる』というサイクルを回して長く活躍するための土台となる「自己研鑽法」をお話しします。

さらには、人生は単に食えればいいわけではありません。いかに充実して後悔しない幸福な人生を手に入れるかが重要です。そこで、第6章では「人生・生活の作り方」についてもお話しします。

どこから読みはじめてもいいように、全体で50個のコラム形式にしていますので、最初から順序立ててでも、気になるところの拾い読みでも構いません。あなたのスタイルで読み進めてください。

本書を読み終えたとき、あなたは将来の不安が払拭され、どんな変化が訪れても動じずに、働き食っていく自信が持てていることでしょう。

株式会社FeelWorks代表取締役／
株式会社働きがい創造研究所会長／青山学院大学兼任講師
前川孝雄

○もくじ 「仕事を続けられる人」と「仕事を失う人」の習慣

第2章 ▼▼▼ 仕事や役割の作り方編

第3章 ▼▼▼ 周りを巻き込むコミュニケーション編

第4章 ▼▼▼ 結果を出す生産性・成果の上げ方編

第5章 ▼▼▼ 自己研鑽編

第6章 日々の生活編

○カバーデザイン　ＯＡＫ　浜田　成実

第1章

心構え・姿勢 編

01

仕事を続けられる人は「努力しても成功しない」と考え、失う人は「努力すれば成功する」と考える。

努力して勉強し、いい大学に入って、いい会社に入れば終身雇用なので一生安泰、人生は成功……そんな常識がもはや過去の遺物であることは、あなたも気づいているでしょう。

もちろん努力することは大切です。ビジネスパーソンのあらゆる基礎能力は、日々の努力の積み重ねによって鍛えられるものです。努力をしない人は成長もできません。

しかし、目的や方向性が明確でない努力は、ときに徒労に終わることもあります。**特に今のように変化の激しい時代には、「何のために」努力するのか、「何を」努力するのか、「どのように」努力するのかを考えることが非常に重要です。**

「はじめに」でも触れた資格取得などは典型的です。

例えば、税理士は合計5科目の合格が必要で、5年以上かけてコツコツ勉強を続け、ようやく合格する人が多い資格です。しかし、税理士を取得してどうするのかというプランもなく、資格さえ取ればなんとかなると考えていた場合、資格を取って、開業までこぎつけても、ほとんど仕事がないという事態に陥る人が少なくないのです。

これが大学受験であれば、合格がゴールですから、努力がそのまま報われやすい。

しかし、税理士の場合、独立し、食べていくことをゴールとする人が多いはずです。努力して試験に合格するのは最低条件で、そこにプラスαとして、税理士として成功するための「工夫」が求められます。私が見るところ、それが理解できていない人が非常に多い。

日々の仕事でも同じことが言えます。

私は複数の会社を経営しているため、日頃からさまざまな銀行や証券会社の営業マンがアプローチしてきます。あるとき、「この地域の担当になりました。社長様にご挨拶だけでもお願いします」と元気な営業マンが飛び込んできました。

あいにくアポ無しの彼に会う必然を感じなかったので、受付で丁重に断らせました。ところが数カ月たったある日、同じ営業マンが「この地域の担当になりました。社長様にご挨拶だけでもお願いします」とまったく同じトークで飛び込んできたのです。当の本人は、毎日、数多くの会社を訪問しているので、当社に来たことを覚えていないのでしょう。

私は、とても残念な気持ちになりました。彼は上司に言われるまま飛び込み営業の努力を続けているけれども、それはムダだからです。

彼の目的は「上司の言う通りに行動すること」ではなく、「契約を取ること」であるはずです。しかし、彼は完全に本来の目的を見失っていたようでした。「何のために」も「どうやって」もそこにはありません。

もちろん、経営者も環境変化によって気持ちやニーズが変わることはあります。ただ、その営業マンにタイミングを見計らってアプローチしてきた様子はありませんでした。

実はその間、他の金融機関の営業マンが当社の事業内容を調べ尽くし、私が経営課題と考えていたことを指摘するメールをホームページから送ってきました。当然、その営業マンには商談の機会をセットしました。「仕事を続けられる人」と「仕事を失う人」の違いは明白です。

長年、多くの人たちのキャリアや生き様を見てきましたが、大多数の人たちがおめでたいほど「努力すれば報われる」と頑なに信じています。しかし、その結果、努力したにもかかわらず食えなくなっていく人が多い。もはや、**会社や上司の指示通りにやっていれば成果が出る時代ではないからです。**

「仕事を続けられる人」は、「努力すれば報われる」とはまったく考えていません。むしろ人と同じように努力したとて報われないのだから、いかに人と違うアプローチをするか工夫を凝らし続けています。一度やると決めたことはやってみますが、うまくいかなければすぐにやめて違う方法を工夫します。

人がやっているから、上司が指示したからやるのではなく、**自分なりに成功のイメージを持ち、そこに向けて自分の中でPDCAを回し続けているのです。**

つまり、「仕事を続けられる人」は、意味を感じないムダな努力はやらない。自分で考えて工夫し続ける習慣を持っているのです。

01 仕事を続けられる人は、常に創意工夫を凝らして仕事に取り組む！

02

仕事を続けられる人は不安定を求め、失う人は安定を求める。

今でも学生の就職先としては大手企業が人気です。また、公務員を志望する若者も少なくありません。もちろん、民間に就職する場合、かつてのように「大手に就職すれば一生安泰」とのんきに考える人は減っているでしょう。しかし、他に魅力的な選択肢がないため、そこに相対的な安定を求めている人は少なくないはずです。

先行きが見えない時代だからこそ、数年後どうなっているかわからないベンチャー企業や、どんな実績が得られるのか不透明な新規事業などはできるだけ避けたいという考え方は、一見、理に適っているように思えます。

しかし、私はこれからの時代、安定を求める人ほど食えなくなっていく可能性が高いと考えています。

企業の経営環境がこれだけ目まぐるしく変化する時代には、たとえ大企業であろうとも、その経営は常に変化を求められます。一人ひとりの社員も、常に新しい課題に直面し、主体的に課題解決に取り組むこと、挑戦することが求められるのです。

そのためには、安定を求め続けるマインドがネックとなってしまいます。「大船に乗っていたい」「失敗はしたくない」「手堅く結果が出ることだけやりたい」という志向の人は、本質的にリスクをとって挑戦することを避けたがるからです。

高度成長期からバブル期までの組織には、そのような人にも居場所がありました。しかし、これからは、「失敗しない」だけの人は評価されません。**リスクをとって挑戦できなければ、「仕事を失う人」になってしまうのです。**

これからは、安定した環境をむしろつまらないと感じ、不安定な環境を楽しめる人こそが、「仕事を続けられる人」になっていきます。

ポイントは「楽しめる」ことです。不安定が常態化した中で、嫌だけどしかたなく新たな課題に向かい続けていたのでは、いずれ疲弊してしまいますから。

「まだ誰も取り組んでいない新しい課題に挑戦し続けたほうがおもしろい」
「順風満帆な部門より、問題がある部門に行って、自分の力で軌道に乗せるほうがやりがいがある」

そんなマインドを持っている人にとっては、今は働きがいのある時代です。また、会社はそのようなリーダーを求めているのです。

私は、日本経済新聞の人気コラム『私の履歴書』を愛読していますが、現代を代表する経営者のキャリアには、共通する要素があると感じています。

多くの成功した経営者は、会社の保守本流の部門ではなく、むしろ傍流と呼ばれる部門の出身なのです。注目されない部門、問題を抱えた部門で、現状を改善しようと工夫し続けてきた経験が、彼らのリーダーシップを養ってきたということでしょう。

彼らには、保守本流に居続けて、会社のカルチャーに染まってしまった人たちにはない客観的な視点があります。既存の仕組みを根底から変える構想力・実行力もあります。難しい経営環境でこそ、彼らの「不安定を楽しむマインド」が力になるのです。

トップクラスの経営者に限った話ではありません。

数年前は海のものとも山のものともつかなかった新規事業開発部門が、会社の未来を牽引していく花形部門に成長する事例を実際に見てきたビジネスパーソンも、決して少なくないでしょう。その部門のリーダーたちは、決して安定志向ではなかったはずです。だから、未知の領域への挑戦を楽しみ、成功させることができたのです。

不安定を楽しむことができる感性は、ある日突然身につくものではありません。日々の仕事や生活の中で培われていくものです。

些細なことであっても、未知の課題に挑戦することを「面倒くさい」「誰かに任せたい」と感じるようなら危険信号。むしろワクワクするようなら、「仕事を続けられる人」になる資質ありと言えるでしょう。

02

仕事を続けられる人は、挑戦するマインドを持っている！

03
仕事を続けられる人は明日を想像し、失う人は昨日を後悔する。

「仕事を続けられる人」と「仕事を失う人」の分かれ目の一つが、失敗したときの態度です。「仕事を失う人」は、失敗したことをクヨクヨと後悔します。「これで上司からの評価が下がってしまう」「自分のキャリアに傷がついた」と周囲の評価を気にし、すでに起きてしまったことを気に病み続け、いつまでも落ち込みます。

一方、「仕事を続けられる人」は失敗しても明るい。「うまくいかないこともあるさ」と気持ちを切り替え、「大切なのは次だ」と前向きに考えるのです。

もちろん、なぜ失敗したのかについて考えることは必要です。しかし、クヨクヨと落ち込み続けることには何の意味もありません。「仕事を続けられる人」は、気持ちを切り替えたうえで、前向きに失敗から学ぼうとします。そして学んだことを次に活かそうとするのです。

そこには根本的な考え方の違いがあります。

挑戦すれば失敗はつきものです。「千に三つ」とよく言われるように、イノベーションは膨大な数の失敗の中から生まれます。

しかし、「仕事を失う人」は、落ち込みたくないから失敗を恐れます。このような人は必然的に「挑戦しないこと」が判断・行動の基本パターンになってしまうのです。

それに対して「仕事を続けられる人」は、挑戦する以上、失敗することは織り込み済みです。**一つの失敗から学ぶことができれば、彼らにとって失敗はむしろ前進。**「もう同じ失敗を繰り返すことはない。成功にまた一歩近づいたんだ」と、明日を想像することができるのです。

視線が過去を向いているか、未来を向いているか。この違いはその人の行動を大きく左右します。これは、過去の成功をどう捉えるかということにも当てはまります。

マクドナルドを一大企業に育てあげたレイ・クロックは、自らの信念を『成功はゴミ箱の中に』という自伝に記しています。

１９５４年、52歳のとき、レイ・クロックはミルクセーキ用のミキサーの営業マンでした。それまでの人生は失敗だらけ。そんなときにハンバーガーレストランを経営するマクドナルド兄弟に出会います。その清潔な店内、シンプルなメニュー構成、標準化された調理手順、効率的なセルフサービスなどを「すばらしい」と感じ、チェーン展開を提案したのです。

ミキサーを売っていた冴えない営業マンであっても、それまでの数多くの失敗をクヨクヨと考えることなく、明日を見ていたからこそ、この出会いを大成功へと結びつけることができたのです。

さらに、レイ・クロックのすごいところは、過去の成功にもこだわることなく、成功すらもゴミ箱に捨てて、明日を想像し挑戦し続けたことにあるでしょう。

一般のビジネスパーソンにも同じことが言えます。

失敗にしても、成功にしても、すでに起きたことに固執して歩みを止めてしまうことが一番のリスク。また、目先の結果に対して、「給料が上がった、下がった」「上司の評価が上がった、下がった」と一喜一憂しているだけでは、同じ所をぐるぐると回っているにすぎません。そこには気持ちの浮き沈みはあっても、成長はないのです。行きつく先は「仕事を失う人」です。

「仕事を続けられる人」は、今が自分にとってどういう時期なのかを考え、未来の大きな成功を見据えて行動します。**成功に向けた準備期間であれば、そのために必要な失敗をしてもいいし、一時的に損をしてもいい。**そのように長いスパンで自分のキャリアを捉えることができれば、日々の失敗や成功は途中経過にすぎません。

その経験から自分の成長に必要な要素を学び取ったら、あとはゴミ箱に捨ててしまえばいいのです。

もし、あなたが一つの失敗にいつまでもクヨクヨしてしまうタイプだとしたら、単に性格の問題として片づけるのは危険です。

自分の視線が、「未来ではなく過去を向いている」と感じたなら、できるだけ早く修正するべきです。それこそが「仕事を続けられる人」になるための第一歩になるでしょう。

03 仕事を続けられる人は、未来のために今の仕事に全力を尽くす！

04 仕事を続けられる人は平気でルールを破り、失う人はルール順守にこだわる。

日本のビジネスパーソンは、学校教育・就職活動から、定年に至る長い会社員生活を通して、ルールを順守して生きることを習慣づけられてきました。厳しい言い方をすれば、その姿は飼い慣らされた羊のようです。

「ルールを守るのは大切なことじゃないか。全員がルールを守るから組織が成り立っているんだ」と反論する人もいるでしょう。しかし、それはもはや古い考え方です。

「仕事を続けられる人」は、意味のないルールなど平気で破ることができます。**深く考えずに盲目的に組織のルールを順守し続ける人は、これからの時代、「仕事を失う人」になっていきます。**

私は、単なるわがままでルールを破ることをすすめているのではありません。顧客や社会のため、会社の正しい経営のために必要なルールは重視すべきです。しかし、法律でもない、単なる組織内のルールや習慣などは、決して絶対的なものではないのです。変化の中で絶対的なのは、企業理念のみと言っても過言ではありません。ちなみに法律ですら改正があり、その土台となる憲法も見直しの動きがあります。

組織内のルールや習慣を妄信的に守り続けるということは、常にその人の視線が組織の内側を向いていることを意味しています。その会社が、終身雇用を保障してくれる沈まない船であるなら、内側だけを見ていても生きていくことはできるかもしれません。

しかし、今や、安泰と思われていた船があっけなく沈む時代です。沈みはじめた船の中で、船の中だけのルールを守り続けたところで、もろとも海の底です。今、世間を騒がせている大手企業の不正は、もちろん経営に責任がありますが、ひたすら内向きに上の指示に従い、間違ったルールを守り続けた人たちがいたからこそ起こってしまったのです。

一方で、「仕事を続けられる人」は、会社に寄りかからず、自分の脚で世の中に立っています。組織内のルールについても、「何のために必要なのか」「誰のために必要なのか」を自分の頭で考えながらバランス感覚を保って生きています。そして、**「世の中一般の感覚からすれば、このルールはおかしい。顧客の利益にもならない」という結論に至れば、**

平気でそのルールを破ることができます。

私たちの会社が支援しているある会社の役員は、社内にこうメッセージを発しています。

「経営の言うことをすべて正しいと思うな。おかしいと思ったらおかしいと言え」

まさにその通りだと思います。

その会社は長い伝統があり、それだけに経営の指示や古い習慣を愚直に守り続ける体質がありました。しかし、経営環境が劇的に変化する中で、「このままではまずい」という危機意識が経営層に生まれ、それがこのメッセージにつながったのです。

もう一つエピソードを紹介しておきましょう。あるベテラン看護師さんの話です。勤務する病院で余命幾ばくもないおじいさんを担当した彼女は、おじいさんに「何か欲しいものはある？」と尋ねました。おじいさんは声を振り絞るように「トロが食べたい」と言います。家族の話によると、そのおじいさんは元気だった頃、寿司屋のカウンターでお寿司を食べることが何よりの楽しみだったそうです。

とはいえ、おじいさんは寿司屋に出かけることなどもちろんできませんし、それ以前に、すでにものを食べることができない病状でした。

彼女は思案した末、大胆な行動をとります。知人のつてを辿って病院に寿司職人を呼び、病室に即席の寿司カウンターを作ったのです。寿司職人が「へい旦那、何を握りますか」と声をかけると、おじいさんはトロを注文しました。すると、驚くことに、流動食すら食べられなかったおじいさんが、おいしそうにトロをふた口も食べたそうです。おじいさんは入院して以来、見せたことのない笑顔になり、病室でその光景を見守っていたおばあさんは涙を流して、「ありがとう、ありがとう」と繰り返したと言います。

病弱の高齢者に生ものを提供した彼女の行動は、病院のマニュアルからすれば明確なルール違反です。しかし、病院という組織の内側を向くのではなく、常に患者に向き合っていた彼女は、おじいさんの笑顔のためにルールを破りました。

私は彼女の判断・行動は非常に立派なものだと思います。さて、あなたは、同じような状況で、自分が正しいと思う行動をとることができるでしょうか？

04 仕事を続けられる人は、状況に合わせて臨機応変に対応ができる！

05 仕事を続けられる人は会社の収益を気にし、失う人は自分の給料を気にする。

以下は、ある大手メーカーの40代後半の社員から、早期退職制度を利用して転職するべきかどうかを相談されたときのやりとりです。


「転職の希望条件は何ですか？」

「今が年収８００万円なので、１００万円ダウンの７００万円くらいまでなら……」

「７００万円というと、２０００万円以上の粗利益に貢献することが必要ですね」

「え、なんですかそれ？」

「即戦力として転職となると、あなたがどれだけ利益を上げられるのかを問われますよ」


これは、決して極端な例ではありません。日本の会社員は、会社のお金の流れについてあまりに無頓着。給料後払い型である年功序列に慣れてしまうと、会社が収益を上げ、それが社員に給料として支払われるまでの仕組みを理解できていないことが多いのです。

正社員の場合、会社は額面給与の他に、厚生年金保険料の半額（9％強）、健康保険料の半額（約5％）、雇用保険料（0・6％）、労災保険料（0・3％）などを別途負担してくれています。これ以外に利用しているオフィススペースの賃料、交通費、パソコンなどのオフィス機器費用、健康診断料などを積み上げていくと、額面給与の1・5倍前後となります。

この人件費は売上高から原価や外注費などを除いた売上総利益（通称・粗利益）から分配され、その比率は労働分配率と呼ばれます。製造業の場合、労働分配率は50～60％と言われています。

仮に勤める会社の労働分配率が50％だとすると、年収700万円の1・5倍、つまり1050万円が粗利益の50％相当になり、このメーカー社員は年間2100万円の粗利益を生み出さないといけない計算になります。製造業の売上総利益率は15～35％ほどなので、売り上げでは6000万円～1億4000万円を作れないといけません。

このメーカー社員は、転職先の業種や仕事内容に関しては何の希望もありませんでしたが、年収に関してだけは、下がっても700万円という希望をはっきりと持っていました。しかし、この700万円に実はそれほど根拠がないのです。「生活水準を維持するため」と彼は言いますが、税金などの控除を考慮すれば、中小企業に転職して、仮に年収が500万円台になったとしても、それほど生活は変わりません。

つまり、今自分がどれだけ税金や社会保険料を支払っているのかも、年収が下がったらいくら払うことになるのかも、把握できていないのです。

それだけ巧妙に会社員から搾取する仕組みになっているからでもありますが……。

結果、自分が会社の収益にどれだけ貢献しているかはほとんど気にしません。ただし、月給が1万円上がった、ボーナスが5万円下がったということには、非常に敏感なのです。

このように、目先の給料ばかり気にする人は「仕事を失う人」です。**業種や仕事内容よりも年収額を重視するということは、お金に振り回されて自分のキャリアを選択しているということです。**しかも、自分がどれだけ会社の収益に貢献できるのかも語れない。このような人材は、将来と言わず、すぐにでも通用しなくなってしまうでしょう。

では、なぜ、日本の会社員、特に大手企業の会社員は、お金の流れにこうも無頓着なのでしょうか。これは一種の大企業病です。業務が細分化されているから自分の貢献度が見えにくく、給料はある程度までは同期と横並びで上がっていくという感覚があるため、貢献度と給料が頭の中で結びつかない。今もらっている給料は、何か「当然の権利」のような認識になってしまっているのです。

ここまでお話しすればもうおわかりでしょうが、「仕事を続けられる人」は、自分の給料よりも会社の収益を気にします。また、その収益に自分がどれだけ貢献したかを気にするのです。「仕事を続けられる人」にとって、給料は収益に貢献した結果にすぎません。

お金に振り回されず、自分らしいキャリアを重ねて、「仕事を続けられる人」になっていくためには、逆説的ですが**「会社のお金の流れについて強くなること」が大切です。**

税金や社会保険料についても同様。「考えたこともなかった」という人には、最低限、給与明細と会社の決算書を分析し、基本的なことを勉強しておきましょう。

05

仕事を続けられる人は、自分がどれだけ会社に貢献しているかを考えている！

06 仕事を続けられる人は夢を切り替え、失う人は夢を追いかける。

思い描いた夢を実現するために、綿密なキャリアプランを立て、人生年表を作り、ブレることなく10年、20年をかけて、着実に計画を実行していく……。いかにも「仕事を続けられる人」の方法のように思えるかもしれませんね。

しかし、実は逆なのです。キャリアも人生も、当初の計画通りに進むなんていうことはまずありえません。若い頃に抱いた夢にこだわりすぎることは、むしろあなたを「仕事を失う人」にしてしまいます。

どういうことなのか。以下は、私が以前インタビューしたあるビジネスパーソンの例です。

学生時代からコミュニケーション力が高く、リーダーシップもあった彼は、「スーパー営業マン」となることを夢見て会社に入りました。しかし、ビジネスの世界は甘くありません。営業マンとして、やる気に燃え、自分なりに頑張ったものの、やることなすことがうまくいかないのです。

悩みましたが、意欲は高いので、夢に向けた歩みは止めません。新たに営業部に立ち上がったプロジェクトのリーダーに自ら手を挙げて就任しました。しかし、一営業マンとして実績を上げられていないのに、負担の大きいプロジェクトリーダーを満足に務められるわけがありません。結局どちらも中途半端になり、成果を上げることはできませんでした。

上司の査定面談のフィードバックで、彼は最低ランクの評価を受けます。すると、彼は落ち込むと同時に猛烈な憤りを感じました。

「なんでこれだけ頑張っているのに評価されないんですか！」と上司に抗議をしたのです。すると上司からは、「そうか。そういう発想しかできないなら、もう辞めたほうがいいかもね」という厳しい言葉が返ってきたそうです。

彼はその言葉に大きなショックを受けました。そして、営業部門からは外され、バックヤードの営業推進部門に異動となります。

ここで彼は発想を切り替えました。「よく考えたら、結果も出していないのに文句ばかり言っていた自分が甘えていただけだ。もう、営業でトップになるという夢にこだわるのはやめよう。与えられた場所で、自分が求められたことをやろう」と決め、異動先で前向きに働きはじめました。すると新しい部門で、彼は力を発揮しはじめたのです。

営業推進部門には営業経験者がおらず、現場を知っている彼は効果的な提案をすることができました。また、営業部門とも当然つながりがありますから、部門間の橋渡し役としても重要な役割を果たしたのです。与えられた場所で結果を出し続けた彼は、営業推進部門のリーダーとなり、その後、なんと営業部門のリーダーになったそうです。

思い描いた夢は、約10年のときをかけて実現されたのです。

このエピソードの最大のポイントは、彼が異動になったときに、発想を切り替えたことです。**与えられた場所で求められる役割をしっかりと果たしたからこそ、彼はキャリアの方向性を見出すことができました。**

もし彼が、当初の夢に固執し続けていたら、異動になった時点でその夢は破れてしまったわけですから、腐って終わりだったかもしれません。

キャリアとはこのような性質を持っています。**仕事における能力は、他者に評価・認知されてはじめて意味を成します。**自分の中だけで、いくら「これをやりたい、こうありたい」と思っていても、周囲に求められなければどうにもなりません。

「仕事を続けられる人」は、このようなキャリアの性質をよく理解し、与えられたチャンス、新しい出会いに応じて、柔軟に自分の夢を切り替えていくことができるのです。

私は何も「夢を抱くことに意味がない」と言いたいわけではありません。夢があるからこそ、人は前向きに行動することができます。しかし、仕事を通して得られる経験値や出会いは、若い頃のあなたの想像以上。将来のあなたは、今よりずっと高いステージから、また新たな夢を描く力を身につけているのです。

その意味で、夢や目標は2～3年ごとに見直すことをおすすめします。過去2～3年の経験を棚卸しして、2～3年先のキャリアを考えてみるのです。5年先、10年先を見通すことは難しいですが、2～3年先なら現実的で意味のあるキャリア設計ができるはずです。

06 仕事を続けられる人は、与えられた環境でキャリアを描ける!

第2章

仕事や役割の作り方 編

07
仕事を続けられる人はあるものでなんとかし、失う人はないものねだりをする。

「もう少し会社に商品力があれば売り上げも伸びるんだけど」
「ライバル会社と比べてウチは広告の予算がないから」
「もっとデキの良い部下がいればなあ」

このような愚痴は誰しもよく耳にすることと思います。しかし、「これがないから無理だ」「これがあればできるのに」なんてことを言い出したらキリがありません。

「ないものねだり」こそ、「仕事を失う人」の悪しき習慣です。仕事をするうえで、何の不満もないほど条件の揃った環境は、そうそうありません。何より、愚痴ばかり並べていたところで、何一つ状況の改善にはつながりません。これを他責思考と言います。

それに対して、「仕事を続けられる人」は「あるものでなんとかしよう」と発想できます。

例えば、会社に商品力がなければ営業方法を工夫する、チームに経験の浅いメンバーしかいなければまとまりを強化することで全体の戦力アップを図るなど、**どんな環境・条件の下でも、知恵を絞れば何かしら打つ手はあるはずです。**これを自責思考と言います。

ある飲食ベンチャーでのエピソードを紹介しましょう。

その会社では、女性が数多く働いていました。しかし、飲食業界ですから夜にも仕事があります。大きな会社ではなく、経営に余裕もありませんから、ワーク・ライフ・バランスに配慮した制度整備も進んでいませんでした。

子育て中の女性社員にとっては厳しい環境です。女性の活躍推進を熱心に取り組んでいる大手企業と比べたら、まさに「ないないづくし」と言えるでしょう。しかし、彼女たちは会社に愛着があり、仕事に誇りを感じ、その会社で働き続けることを望んでいました。

そこで、女性社員たちはどうしたか？

なんと、子育てをしながら昼間に仕事ができるよう、本業の飲食とシナジー効果のある、食品の生産・流通を手掛ける子会社の設立を経営陣に提案したのです。

会社の業態や経営状況を踏まえれば、大手と同じような育休制度や在宅勤務などを求めても、実現が難しいことを彼女たちはよくわかっていました。しかし、会社の利益にもつながる新規事業の提案なら話は別です。彼女たちは、今ある条件下で、可能な問題解決の方法を考え、経営陣と相談しながら見事に実現したのです。

この話を聞いた私は、そんなやり方があるのかと驚きました。まさに「あるもの」でなんとかした好例と言えます。

「仕事を続けられる人」は、このような「ないないづくし」の不自由な環境で必死にもがく中で、育っていきます。そもそもイノベーションとは、八方ふさがりの窮地に陥って、固定観念の壁を突破してはじめて生まれるものです。

一般的には、何不自由なく快適に働くことができる環境を理想的だと考える人が多いでしょう。しかし、そのような職場では、「さて困った、どうしよう。何か手はあるだろうか」と考えるチャンスは必然的に少ない。当然、自分たちでアクションを起こして、状況を改善するチャンスもありません。皮肉なことですが、恵まれた職場環境や高待遇の労働条件が、頭の筋肉と体の行動力を退化させてしまうのです。

07 仕事を続けられる人は、発想力で足りないものを補う!

一方で、**「ないないづくし」の職場で、「あるものでなんとかしよう」と必死に知恵を絞ることは、「仕事を続けられる人」の大切な条件である「工夫する力」を養います。**

大変な思いをすることも多いでしょうが、将来にわたって「仕事を続けられる人」になりたいと思うなら、むしろラッキーなこと。普通なら不満を抱くような環境で、そのように前向きな考え方ができる人は確実に成長していきます。

もし、あなたが冒頭に挙げたような愚痴をこぼすことがあるなら、現状のままでは「仕事を失う人」です。しかし、考えようによっては、あなたはラッキーとも言えます。

まずは「ないものねだり」をやめてみましょう。そして、考え方を切り替え、今までとはまったく違う角度から、「じゃあ、あるもので何ができるだろう」と考えてみましょう。その瞬間から、今の不満だらけの職場は、あなたが「仕事を続けられる人」へと成長するための格好のトレーニングの場となるはずです。

08 仕事を続けられる人は仕事をし、失う人は作業をする。

多くの人が、「作業」はしていても、「仕事」はしていない——。私は常々このように感じています。どういうことか、おわかりになるでしょうか。

私は、この二つの言葉を次のように定義しています。

「作業」とは、体や手を動かす行動のこと。

「仕事」とは、目的に則って自分で工夫をしながら作業を組み立てること。

例えば、「この売上データをエクセルに入力しておいて」と指示されて、その通りにやるだけなら作業です。

それに対して、「売上データを部門全体で共有できるようにまとめておいて」と目的を示されたときに、「使いやすさを考えた場合、入力項目は現状のままでいいだろうか。もっと整理できるのではないか。新たに追加したほうがいい項目もあるかもしれない」と自分なりに工夫しながら取り組むのが仕事です。

パソコンに向かってキーボードを叩いている姿を傍から見れば、どちらも同じことをしているように思えるかもしれません。しかし、仕事にはこのように目的と工夫があります。ポイントは、「目的のためにどのように工夫するかが任されている」ことです。指示通りにやるだけの作業と比べて、おもしろさやりがいが、まったく違います。

「作業」はやり方まで決められているので、自分で考える必要がありません。楽と言えば楽なのです。だからこそ、**作業をこなすことだけに終始している人は、工夫する力も、部門の仕事全体を俯瞰して捉える力も身につきません。**行き着く先は、一から十まで指示してもらわないと動けない「仕事を失う人」です。早晩、ＡＩやロボットに駆逐されてしまう人材の代表例でしょう。

「仕事を続けられる人」は、常に仕事の目的を考え、どんな工夫ができるかを考えます。「この方法が本当に最短距離なのか」「今の時代にマッチした方法だろうか」「お客さんに応じて変える必要はないだろうか」「もっと自分の持ち味を活かしたやり方があるのでは」など、どんな仕事であっても考えることはいくらでもあります。

目的のために工夫することが大切なのは、新人でも経営者でも同じです。ですから、日々、作業ではない本当の意味での仕事に取り組んでいる人は、徐々に仕事のスケールを大きくしながらステップアップしていくことができるのです。

長時間労働が問題になっている一方で、日本の労働生産性は先進国の中でも低いと言われているのはなぜでしょうか。

それは、あまりに多くの人が自分の頭で深く考えずに作業をこなすことに終始してしまっているからです。もしくは、違うやり方のほうが効率がいいと気づいていても、それを上司と交渉するのが面倒くさいと思ったり、どうせ却下されるものとあきらめてしまっているからです。

一生懸命作業をしても、そこに工夫がなければ成果に結びつきません。効率が悪いやり方を見直すことなく続けているから、労働時間ばかりがひたすら長くなります。

「仕事を失う人」は、決してサボっているわけではありません。「忙しい、忙しい」と時間に追われながら、毎日まじめに残業してまで働いて、報われない努力を延々と続けているのです。欧州では**「地獄への道は善意で舗装されている」**という格言すらあるのです。

難しく考えないでください。ちょっとした行動でスイッチは切り替わります。

私がかつてインタビューした、ＡＴＭのシステム開発に携わる金融系システムエンジニアの話を紹介しましょう。

大規模なシステム開発は業務が細分化されており、かつ納期に追われて毎日忙しいですから、どうしても「作業」になってしまいやすい。そこで、彼は、自分がかかわったシステムが導入されると、実際に銀行へ行って、顧客がＡＴＭを使っている姿をチェックするそうです。利用者にとって以前より便利になっているか、操作に戸惑ったりしていないかを自分の目で見て確かめるのです。

この行動の意味は非常に大きいと思います。自分の仕事の「目的」を改めて実感できるからです。顧客との距離が遠く、「誰のために」や「何のために」を見失いがちだと感じている人は、参考にしてみてはいかがでしょうか。

08 仕事を続けられる人は、仕事の目的を達成するために最善の方法を考える！

09

仕事を続けられる人は上司の指示をスルーし、失う人は上司の指示に従う。

会社の経営層は常に正しい判断をしているとは限りません。特に経営環境が厳しくなっている昨今、山積する課題にどう取り組むべきかがわからず、迷走している会社も目立ちます。

ということは、当然のことながら、経営の方針に従って下に指示を出す上司の言うことも常に正しいわけではありません。複数の指示が互いに矛盾していたり、指示のすべてを実行するのは部門や個人のキャパシティを考えると厳しかったりする場合もあります。

そのような上司の指示にどこまで従うべきでしょうか？

まだ仕事を覚える段階にある20代半ばまでであれば、ひとまず上司の指示には従うべきでしょう。「その指示はおかしい」と感じても、やってみたら結局は経験豊富な上司が正しかったという場合もまだまだあるでしょうから。

しかし、30代以上になれば話は別です。すでに、自社の事業や組織、さまざまなビジネスの機微などを理解し、自分なりの考えを持っていてしかるべきなので、上司の言うことに一から十まで愚直に従う必要はありません。

こんなことを言うと、「部下が上司の指示に従わなかったら組織が成り立たないのでは？」と、疑問に思う人がいるかもしれません。「上司に楯突いたら評価に響くじゃないか！そんな無茶はできない」と考える人もいるでしょう。しかし、何も上司と喧嘩をする必要はありません。**急いでやる必要のない指示、さして重要でない指示、客観的に判断して間違っていると思える指示などは、上手にスルーすればいい**のです。

私自身、多くの企業を支援しながら、人より早く出世する「仕事を続けられる人」を数多く見てきましたが、実は共通する能力がこれなのです。この人たちは、**自分の頭で考えて上司の指示に優先順位をつけ、優先順位の低いものは適宜スルーするのです。**

例えば、上司の指示が10あったとしましょう。このうち３つは、優先的に取り組まなければならない重要な仕事だとすると、当然そこはしっかりとやります。そして、優先順位が低いと判断した残りの７つは、中途半端に手をつけることなくバッサリ放置します。スルーしている件について、上司に「あれ、どうなってる?」と聞かれることがあっても、「ぼちぼちやっていますよ」というようなニュアンスで答えておくのです。

そうすると、10あるうちの7つをスルーしていますから、この人たちは優先順位の高い3つにパワーをつぎ込むことができます。これは、10の指示のすべてに真面目に従っている「仕事を失う人」と比べたら、大きなアドバンテージ。結果、「仕事を続けられる人」は、重要な仕事で目立つ成果を上げることができるというわけです。

傍から見たらずいぶん危ない橋を渡っているように思えるかもしれませんが、「仕事を続けられる人」は、優先順位のつけ方が的確なので、大きなトラブルにはなりにくいのです。例えば、上司の指示がさらにその上の上司の方針とずれていたり、客観的に判断して明らかに生産性が低かったりする場合は、早晩見直される可能性が十分ある。実際に、一度出した指示が、あとから取り消されるケースもあるでしょう。

さて、この「スルーする力」は、自分自身が上司になったとき、さらに大きな意味を持ちます。この人たちは、部下にムダな仕事をさせない良い上司なのです。

真面目な「仕事を失う人」が上司だった場合、上から降りてくる指示を「上が言うことだから……」とそのまま下に降ろします。これでは現場はたまりません。

私はある経営者から**「上がファジー（曖昧）だと、下はビジー（忙しい）になる」**と聞き、膝を打ったことがあります。部下たちは、結果としてやらなくてもよかったような仕事に忙殺されることになり、本当に大切な仕事にパワーを割くことができません。

それに対して「仕事を続けられる人」は、上からの数多くの指示を、自分の段階で優先順位をつけて選別します。そして、本当にやるべきだと自分の責任で判断した指示だけを下に降ろすのです。部下は重要な仕事に専念できますから、チームのパフォーマンスは向上します。

上層部と現場との調整弁になることは、上司にとって極めて重要な役割です。一見、不真面目にも思える「仕事を続けられる人」こそ、実は真摯に自分の役割をまっとうしているのです。

09

仕事を続けられる人は、指示された仕事の重要度と優先度を判断できる！

10 仕事を続けられる人は人事評価を気にせず、失う人は人事評価に一喜一憂する。

会社員には人事査定がつきものです。しかし、半年・1年ごとの評価に一喜一憂する人は「仕事を失う人」です。もちろん人間ですから、評価が高ければ嬉しいでしょうし、低ければヘコむ気持ちはわからないでもありません。

私は、あまりに査定の結果を気にしすぎる人には、共通する要素があると感じています。それは、視野が狭いということです。

一つの会社で長く勤めていると、意識して違う視点を持とうと努力しない限り、どうしてもその会社の価値観に染まっていきます。そうなると、会社の評価、上司の評価が占める割合が自分の中で次第に大きくなります。広く社会や人材市場という観点から自分を見ることができなくなり、上司の目ばかりにとらわれるようになってしまうのです。

言うまでもないですが、**ビジネスパーソンは一生一人の上司に仕えるわけでもありませんし、今の時代、一つの会社で勤め続けるとも限りません。**また、一つの会社に勤め続けたとしても、会社が合併し経営方針がガラッと変わることなどいくらでもあります。

評価する主体が変わってしまえば、会社・上司からの評価にこだわって生きてきた人は途方に暮れるばかりです。

「とにかく『数字を出せ』というから、今まで部下を残業させても数字にこだわってきたのに、急に『部下のワーク・ライフ・バランスに配慮できない上司はダメだ』なんて言われても……」と頭を抱えている管理職も、最近では多いのではないでしょうか。

「仕事を続けられる人」は、会社・上司の評価に振り回されることはありません。

この人たちの評価軸はあくまで自分の中にあります。**「今の自分は人材市場においてどのくらいの価値があるのだろうか」「自分は社会に貢献できるだけの力を身につけているだろうか」といったように、会社の枠を越えた広い視点から自分を見つめます。**

社内的な評価はあくまで指標の一つにすぎません。自分にとって絶対的な評価ではないので、「なるほど、そんな評価もあるのか」と冷静に受け止めることができます。

例えば、数字はかろうじて維持できているものの、全体的にモチベーション低下が感じられる営業チームがあったとしましょう。

それでもとにかく目先の数字にこだわって、自分の評価を下げないために、今まで通り上からハッパをかけ続ける上司は「仕事を失う人」です。

それに対して、「仕事を続けられる人」が上司だった場合、モチベーション低下をそのままにしておけば、長期的には大きな売り上げ減につながるリスクがあると察知し、先を見据えた手を打ちます。時間をかけてチームのメンバーと話し合って、モチベーション低下の原因を探り、根本的な問題の解決を図ります。そのために、一時的に売り上げが落ち、自分自身の評価が下がったとしても気にしません。

また、目先の評価に一喜一憂する人は、成長もできません。

そういう人が、社内での評価にはつながりにくい部門に異動になると、評価が下がったことを嘆き、腐ってしまいがちです。

しかし、「仕事を続けられる人」は、長い目で自分のキャリアを見ていますから、同じような部門に異動になっても、「これも経験だ」と前向きに頑張ることができます。このような考え方ができる人は、会社の評価軸とは別のところで成長していくことができるのです。

会社・上司の評価に左右されない「仕事を続けられる人」は、上司によっては「かわいくない」と感じることもありますから、不当に評価を下げられたり、不本意な異動を強いられたりすることも当然あります。しかし、それは大したことではありません。

私は、長年、経営者や役員をはじめ、多くのキャリア豊富なビジネスパーソンと接してきました。この人たちと話していて感じることは、**能力が高く、バイタリティに溢れる人ほど、過去に冷や飯を食わされた経験がある**ということです。

「仕事を続けられる人」のキャリアは山あり谷あり。そのドラマチックな職業人生の中では、半期の査定など実に小さなことでしかないのです。

10 仕事を続けられる人は、会社外からの視点で冷静に自己評価ができる！

11 仕事を続けられる人は善悪を大事にし、失う人は損得を大事にする。

長引く不況の中で就職したビジネスパーソンは、「会社に頼らず、自分自身の力で生きていかなければならない」という意識をしっかりと持っていることが多いようです。その意味では、今のような不安定な時代を生き抜く素地は高いと言えるでしょう。

その一方で、自分だけは損したくないという、利己主義的な発想に陥りやすい人が目立つような気がします。

そもそも、人間には既得権益を失うことに苦痛を感じ、避けようとする傾向があります。これは「損失回避性」という心理概念です。

しかし、多くの場合、仕事はチームで取り組みます。**あなた一人が自分を守ろうと躍起になっているだけでは、チームの士気は上がらず、チームワークが乱れ、全体としての成果は上がりません。**

30代以上なら、後輩の指導やチームのリーダーとしての役割を任される場合も出てくるでしょう。人を引っ張り、チームをまとめる仕事をするうえで、「自分の損得」しか考えられないのは致命的です。自分のことばかり考えたことによって、結局、自分自身の評価が下がってしまうという皮肉な結果を招くことになってしまいます。

昨今、日本を代表する企業で不正や不祥事があとに絶ちません。これらはすべて自社の損得を優先させた結果です。

一方で持続成長を続ける企業も多数あります。これらはすべて、社会をより良くするために愚直に創意工夫してきた結果です。つまり損得より善悪なのです。これは個人も同じ。要するに、「自分の損得」で行動する人は「仕事を失う人」なのです。

私は長年多くのビジネスパーソンを見てきましたが、周りに人が集まってくる優れたリーダーの多くは、「損得」ではなく、「善悪」を大事にしています。

「そのような考えでは損な役回りばかり押しつけられてしまうのでは？」という疑問を抱く人もいるでしょう。確かにその通りです。「自分の損得」で動いていませんから、短期的には損をすることもよくあります。ただし、この人たちは得をしようと思って行動していませんから、そんなことは気にしません。

自分が苦労することになっても、善と信じることをまっとうする。逆に自分が得するとわかっていても、やましいと感じる仕事には手を染めない。仲間のモチベーションが上がるなら喜んでやる。みんなが嫌がる仕事でも、誰かがやらなくてはいけないなら自分がやる。それがこの人たちのメンタリティです。


このような「善悪」を大事にする人は、短期的には損をすることも多いと指摘しましたが、長期的に見たらどうでしょうか。

営業マンであれば顧客から信頼されます。リーダーやマネージャーであれば、上から頼りにされ、チームのメンバーからは慕われるでしょう。社外にも頼り、頼られる本当の意味での人脈ができるはずです。

ビジネスパーソンにとって、「人」は何よりの財産。しかも、一朝一夕では手に入れることができない貴重な財産です。つまり、長い目で見れば、「善悪」を大事にする人こそ「仕事を続けられる人」なのです。

さて、ここが少し難しいところですが、「仕事を続けられる人」は決して長期的なリターンを得るために、渋々損な役回りを買って出ているわけではありません。**そのときの正義感や責任感に従って、自然に行動しています。**

自分の得のためにこのような行動を表面的に真似したとしても、同じような人とのつながりを得ることはできないでしょう。気持ちがついていかなければ、利他主義など長続きはしませんし、相手も大人ですから、計算ずくで動いたところで、見透かされてしまいます。

損得から善悪へのモデルチェンジは一朝一夕にはいきません。まず自分自身の行動原理を根本から見つめ直し、日々の習慣を変えていきましょう。

11 仕事を続けられる人は、自分の損得で行動しない！

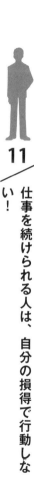

12 仕事を続けられる人は準備不足でも行動し、失う人は周到な計画を立ててから行動する。

一昔前と比べると、今は経営環境が目まぐるしいスピードで変化しています。消費者のニーズは刻一刻と変化していきますし、突然参入してきた異業種の競合に市場を奪われてしまうこともあります。革新的な技術の登場で、それまでのビジネスのセオリーがまったく通じなくなってしまうことも珍しくありません。

そんな時代のビジネスは、どうしても失敗の確率が高くなります。不透明な要素が多いうえに変化のスピードが速いので、それも無理のないことです。この傾向は今後も変わらないどころか、ますます加速していくでしょう。

失敗が避けられない中で、今まで以上に大切になっているのが、「数多く打席に立つこと」と「スピードを上げること」と「軌道修正し続けること」です。

「仕事を続けられる人」は、この「今のビジネスの本質」をよく理解しています。ですから、この人たちは準備不足でもまず行動するのです。

「ただでさえ失敗する確率が高いのに、準備不足では余計に失敗する確率が高くなるだけでは？」と感じる人もいるかもしれません。しかし、その**「失敗したくない」「失敗する確率を下げる」という発想自体がブレーキになり、もはや通用しなくなっているのです。**

「仕事を失う人」は、まさにそのように考え、周到に計画を立てて、完璧な準備をしてから行動に移します。

しかし、何カ月もかけて準備を進めているうちに、市場は一変しているかもしれません。そうなると、半年前だったら通用したかもしれない企画が、もはや「今さら」になってしまうわけです。

また、今は、前例のない企画や商品が求められていますから、それに対する市場のニーズは予測が難しい。実際にやってみないとわからない部分が非常に大きいのです。数カ月かけて準備をして、机上の計画では完璧だったはずなのに大コケする、という事態が当たり前に起こります。

時間をかけて準備をしたのに、結局失敗してしまったら、準備にかけた数カ月間はまったくのムダになってしまいます。

このように、「打席数が少ないこと」自体が、今や大きなリスクなのです。

ですから「仕事を続けられる人」は、とにかく打席数を増やします。同時並行でいくつかのアイデアを進め、その瞬間の市場の動き、競合の動きなどの横目で見ながら、「今だ！」というタイミングを逃さず、実行に移していくのです。

じっくり準備しているヒマはありませんから、とにかくスピード優先。6割程度まとまったらもう動きはじめます。

この**「すぐに行動する」ことのメリットは、やってみなければわからないことが早くわかるという点にもあります。**

「仕事を失う人」がじっくり完璧に企画を固めているときに、「仕事を続けられる人」は実際に試してみて「このアイデアはこのままではダメだ。でも、修正点が見えた」と次のステップに進んでいるわけですから、その差は決定的です。

私は今までの経営経験から、挑戦的な企画のうち1割成功すれば御の字だと考えています。準備不足だろうが、周到に準備をしようが、概ね9割は失敗するのです。

打席数×0・1＝成功する企画の数

このシンプルな計算式に当てはめれば、年に１００回打席に立つ人は10回成功しますが、年に10回しか打席に立たなければ成功するのは1回です。「そんなに単純なものか？」と思う人もいるでしょうが、実際そんなものです。だからこそ、打席数が重要なのです。

もちろん、失敗したら必ずそこから学ぶことが大切です。それを前提とすれば、打席数が多い人ほど、数多くの失敗から学べる分、有利になります。計算式の「0・1」を、少しずつ「0・11」「0・12」……と上げていくことも可能になるのです。

12 仕事を続けられる人は、すばやい行動と反省を繰り返して成功をたぐり寄せる！

13 仕事を続けられる人はメールの返事が早く、失う人はメールの返事が遅い。

「仕事を続けられる人」はメールの返事が早いものです。なぜでしょうか。

もちろん、マナーとしても早く返事をするのが正しいのですが、決してそれだけが理由ではありません。

理由の一つは、**自分の余力をキープしておくため**です。

メールを受け取ったまま返事をしないでいる間は、その案件に関するボールはこちらの手元にあります。このボールの数が増えていくほど、自分の中の時間的・精神的余裕が失われていきます。これが、まさに「仕事を失う人」が陥りやすい状態です。

ビジネスには突発的な事態が頻繁に起こります。緊急度の高い重要案件にすぐに対応できるようにしておくためには、常に余力を残しておくことが非常に大切なのです。

ボールを多数抱え、時間的・精神的余裕がなくなっていると、判断ミスが起こりやすくなります。また、緊急事態への対応が遅れることもあるでしょう。だからこそ、「仕事を続けられる人」は、自分が抱えている保留案件を減らすことを常に意識しているのです。

メールを受け取ったらすぐ返事をするということは、手元のボールを増やさないための大切な習慣の一つなのです。

余力をキープすることが目的ですから、「仕事を続けられる人」のメールはシンプルかつ的確です。

「承知しました。明日までに資料をお送りします」

このような文章で十分です。

それに対して、「仕事を失う人」はメールの文章がムダに長い傾向があります。失礼がないよう、丁寧に書こうとすると、どうしても文章は長くなりがちです。しかし、**長い文章はそれだけ相手の時間を奪うことになりますし、最も伝えたい用件を読み落とされるリスクも高まりますから、できるだけ短くすることを心がけるべきです。**

何より、丁寧に長い文章を書こうとするとそれだけ時間もかかり、返信が遅くなってしまいます。ムダにボールを抱えている時間を長くしてしまうのです。

「仕事を続けられる人」の返事が早いもう一つの理由は、**案件の進行を滞らせないため**です。

「仕事を失う人」は、メールに返信をせず、ボールを持ったままの状態にしておくことで、その案件の進行を止めてしまいます。この影響を意識できていない人が多いのです。メールが止まっているのは半日や1日だったとしても、これが積み重なることで、案件全体の進行に支障が生じることもあります。

「仕事を続けられる人」は、常に案件を前に進めることを意識しているから、早く返事をします。この習慣によって、思考判断のスピードも鍛えられて速くなります。さらに自分だけでなく、一緒に仕事をしている人たちの余力をキープすることにも貢献できるのです。

実際、上司のメールの返信が遅いせいで、部下の仕事がことごとく滞ってしまうケースはよくあります。それでいながら、部下が納期に遅れそうになると、「何をやっているんだ！」と叱責する。これでは部下もたまったものではありません。

メールではなくチャットを使う会社も増えましたが、これもスピードを重視する背景からでしょう。

メールのやりとりに限ったことではありませんが、**ボールを受け取ったら、できるだけ早く相手に返す。これがビジネスの鉄則です。**

なお、仕事の効率化をテーマとした書籍などで、メールはその都度返信するのではなく、時間を決めてまとめて処理することを推奨していることがありますが、私はここまでに説明した理由で、できるだけすぐに返事をするほうがベターだと考えています。

シンプルかつ的確な返事を心がけていれば、文面の作成にそれほど時間をとられることはありません。

また、メールには緊急の案件も含まれますから、着信を確認したら、多くの人がひとまず目を通すはず。そこで、一度文面を読み、どう返事をしようかというところまで少し考えたなら、その流れで返信をしてしまったほうが時間のムダを省けます。

13 / 仕事を続けられる人は、シンプルで的確なメールをすぐに返信する！

14 仕事を続けられる人は相手の話を聴くことを重視し、失う人は自分の話を伝えることを重視する。

最近はコミュニケーション能力が大切だということがしきりに言われます。特に営業マンにとっては生命線とも言えるスキルです。ただし、コミュニケーション能力を履き違えてしまっている営業マンも少なくありません。

典型的な「食えなくなる営業マン」は、自分の言いたいことをいかに相手に伝えるかということに力を注ぎます。プレゼン力を磨いて、自社の商品がいかに優れているかを言葉巧みにアピールすることこそ、営業マンに必須のコミュニケーション能力だと考えているのです。

しかし、一度でも顧客の立場になったことがある人ならわかると思いますが、そもそも興味のない商品について、いきなり大量の資料を広げて流暢に説明されたところで煩わしいだけです。「こちらも忙しいので、帰ってもらえますか」で終わってしまいます。

コミュニケーションは相手があって成立するものです。

しかし、ひたすら売り込むだけの営業マンは自分のことしか考えていません。相手の考えを、自分のプレゼン力だけで変えられるとなぜか思い込んでしまっているのです。しかし、そんなことが容易にできるわけがないのです。むしろ、なんとか買わせようという魂胆が見えてしまうので、顧客の警戒心を強めてしまうだけでしょう。

「食える営業マン」は正反対のアプローチをします。とにかく、相手の話を徹底して聴くのです。

「食える営業マン」も「食えなくなる営業マン」と同じように、データベースにアクセスできるＰＣなどで、大量の資料を用意して顧客を訪問しますが、決して最初から資料を見せることはしません。冒頭から商品の話を切り出すこともしません。

今、顧客がどんな課題を抱えているか、何を心配しているか、何を求めているのかなど、相手の話にひたすら耳を傾けます。その中で、「この課題に関しては当社がお役に立てるかもしれない」というトピックがあれば、大量の資料から、相手のニーズに合致するものを選んで取り出し、そこでようやく自社の商品の話を切り出します。それも、商品の良さを一方的に語るのではなく、その商品によって顧客の課題をどのように解決できるか、つまり顧客にとっての価値を提案するのです。

なお、営業マンや管理職にとって、「聴く力」が大切だということも、最近しきりと言われています。コーチングを学んだ人も多いでしょう。しかし、これも安易に捉えてしまうと失敗します。

聴く力をテーマとした書籍などでは、効果的な相槌の打ち方などが紹介されていることも多いですが、ただマニュアル通りの相槌を返していたところで、会話は続きません。コミュニケーションとはそこまで安直なものではないのです。

相手は自分の話が受信されている実感が得られるからこそ、話そうとするのです。お決まりの相槌しか返ってこないのでは、「所詮マニュアルトークか」と見透かされ、相手は口をつぐんでしまうでしょう。

「相手の話を聴く」ために大切なことは、ただ相手に会話の主導権を明け渡すことでは

なく、巧みに相手の話を引き出すことです。

「聴く」ためには、実は、聴く側の引き出しの多さが求められます。経営者と話をするのであれば、基本的な経営知識全般について、相手の業界・会社について、相手の競合他社の事情や動きについて、そして、相手の課題解決につながる自社の商品についてなど、数多くの引き出しを用意しておくこと。

すると、相手の話をしっかりと受信することができ、随所で効果的な質問もでき、わかっていることが伝わる相槌を返すこともできます。「伝わっている」と実感できるからこそ、相手はどんどん自分から話すようになるのです。

重要なのは表層的なテクニックではありません。十分な準備をしたうえで、本気で相手を理解しようとすること。「食える営業マン」が実践しているのは、まさにそれなのです。

14 仕事を続けられる人は、相手の悩みを聞き出し問題解決の提案をする！

15 仕事を続けられる人は顧客を仲間にし、失う人は顧客を顧客のまま扱う。

あなたが営業マンで、大手顧客企業から大型案件のコンペ参加を要請され、2カ月後に提案することになったとします。次のどちらの方法が、より提案が通る可能性が高いでしょうか?

A:「いい加減な提案はできない」と入念にリサーチをし、何度も練り直して、完璧な提案内容をまとめあげ、そこではじめて顧客企業に提案する。

B:顧客企業から打診されたら、ひとまず1週間で全体の1割程度の内容をざっと資料にまとめて、粗い状態で顧客企業のキーマンに見せて意見を聞く。

一見、Aのように完璧な形にしてから見せたほうが、勝算は高いように思えるかもしれません。しかし、Aは「仕事を失う人」の方法です。

一方、時間をかけずに作った資料は粗も多いはずなので、うまくいかないようにも思えますが、実はＢこそが「仕事を続けられる人」の方法なのです。

なぜでしょうか。

Ａがダメな理由は、顧客側の事情や心理状態を理解していないことにあります。

例えば、2カ月の中で環境の変化などが起こり、顧客の考え方が変わっている可能性だってあるわけです。密にコミュニケーションができていれば、その情報を得られたかもしれませんが、自分でその機会を逃しています。

また、顧客は提案本番までの間、サブマリン状態になってしまうと、「あれ、どうなっているのかな……」と不安になります。相手を不安にさせることは、大きなマイナスです。途中に相談があればいろいろな意見を言えたでしょうが、その機会もなくプレゼンの場を迎えてしまう。こういうケースは、ダメ出しが中心になりやすいものです。

一方で途中こまめに相談され、意見を言えると、顧客は一緒に提案を作りあげていく感覚になっていきます。プレゼンの場では、推す気持ちが強くなっているでしょう。

つまり、「仕事を続けられる人」は顧客を仲間に変えてしまい、「仕事を失う人」は顧客を顧客のままにしてしまうのです。

「仕事を失う人」は、顧客に手間をとらせてはいけないと考え、リサーチや資料作りに没頭してしまうのです。結果、提案する相手の状況や心理などに配慮することができなくなってしまいます。

このように途中の関係構築に失敗しているうえに、「さあ、どうだ」と言わんばかりに、完璧に仕上げた提案をいきなり突きつけることで、意図せず顧客との間に対立的な構造を作ってしまいます。これでは、自分で不利な状況に導いていると言っても過言ではありません。

それに対して、Bの「仕事を続けられる人」は、関係構築やプロセスの重要性をよく理解しています。

「ひとまず素案なんですけど」と**途中経過を相談することで、キーマンからアドバイスを得られます。**

「方向性はいいんじゃない？　ただ、ここは上層部が絶対承認しないので変えたほうがいいよ」と意見が得られたら、次はその意見を反映して2割程度の仕上がりでキーマンとその上司に持っていきます。そして、さらに上層部に……というプロセスを繰り返していくと、その提案は、実質的に顧客企業を巻き込み、ともに作りあげたことになります。最終提案時のダメ出しを回避するにも、最良のやり方です。

また、途中で頻繁にコミュニケーションをとっているため、顧客企業側に**ブレなどがあれば早めにキャッチできます。**

さらに、**こまめな情報には相手を安心させる効果もあります**から、意味もなく顧客と対立的な関係に陥ることもありません。

「仕事を続けられる人」は、プレゼン内容ではなく、コンペに勝ち仕事を得ることが本当のゴールであることを理解しています。だからこそ、こまめな相談を心がけ、意図して、顧客との間に「パートナー的な共働構造」を生み出すのです。

15

仕事を続けられる人は、顧客すら仲間にする！

16
仕事を続けられる人は副業でも稼ぎ、失う人は本業だけで稼ぐ。

今、働き方改革の文脈の中で、従業員の副業を解禁する会社が増えてきています。

副業に関しては、「本業が中途半端になるのでやめたほうがいい」「情報漏洩リスクがある」といった意見もありますが、私は「副業、大いにやるべき」派です。

私たちの会社では副業を奨励しており、そのために週4日勤務も可能なスーパーフレックスタイムを導入しています。実際、家族と会社を立ち上げたり、個人でキャリアアカウンセリングやコーチングを請け負ったりする社員がたくさんいます。

ただし、本業とまったく関係のないアルバイトなどをすることを推奨するわけではありません。**私がおすすめしたいのは、本業で培ってきた経験や知見を活かして、社外でも収入を得る働き方です。**それができる人こそ、会社に依存せずに生きていくことができる「仕事を続けられる人」なのです。

その場合の副業にはいろいろな形があるでしょうが、一例が、セミナーの講師や専門誌への寄稿、書籍の執筆、コンサルティング業などです。

副業を意識したことがない人はピンとこないかもしれないですが、会社での経験を社外で活かす機会は、実は意外とあるのです。仲介サービスも増えています。依頼が来るようなきっかけ作りがポイントですが、これもいろいろなパターンがあります。

例えば、人事担当者がキャリアコンサルタント、経理担当者が税理士など、業務と関連する資格を取得すると、社外に資格スクールや他の資格取得者とのネットワークができます。資格に加えて実務経験があることは大きな強みですから、このような人たちには、講師や執筆の依頼がくるようになります。

仕事の実績が業界内で高く評価されている人、会社の業務としてメディアで情報発信する役割を担っている人なども、このような依頼が舞い込むことがあります。私自身、処女作である『上司より先に帰ったらダメですか？』（ダイヤモンド社）を出版したのは会社員時代。この経験がその後の独立にもつながっていきました。

もちろん、今はインターネットで情報発信することがいくらでも可能ですから、ＳＮＳ

などをきっかけに副業に発展させることもできますし、自分で企画した書籍を出版社に売り込んで成功する人もいます。

一人の人が仕事を通して得てきた経験・知見は、本人が思っている以上に社外から見ると価値がある場合があります。これを会社の中だけで活かすのではもったいない。積極的に外に目を向ければ、今までとは違った角度で社会の役に立つことが十分可能なのです。

副業のメリットは、単に収入源が増えることだけではありません。**会社の評価軸とは別に、社外で評価され、報酬を得ることによって、今までとは異なる自信が育まれます。**そして、会社に寄りかからず生きていくための足場ができるのです。

同時に、社外での副業経験は本業にも還元されますから、本業の力を伸ばしていくことにもつながります。

会社の寿命は30年と言われる一方で、これからは「人生100年」の時代。シニアになっても働き続けることが当たり前になってきます。会社に所属していなくても食べていける力は、誰にとっても重要になってくるでしょう。

副業に取り組む「仕事を続けられる人」はそこまで見据えています。

なお、社外で通用する力を養うためには、会社にいながらも社外を意識して働くことが重要になります。

自社のビジネスの方法がスタンダードなのかどうかを知るために積極的に社外の人と交流する、社内の経験だけでは抜けている部分を埋めるために社外で学ぶ。大切なのは、これらを通して、自分の経験を客観的に捉え、体系化することです。

そのような準備がしっかりできている人は、いつでも社外で自分を試すことができますし、試したくなってくるものです。

一方、「仕事を失う人」は、社内で重ねてきた自分の経験が、社外でどれだけの価値を持つのか見当がつきません。だから、外で自分を試す自信も持てない。本業の給料だけが頼りで、会社に依存し続けていくことになります。

人生１００年時代を生きていくうえでは、心許ないと言わざるをえないでしょう。

16 仕事を続けられる人は、会社に頼らずも生きていける人間を目指す！

第3章

周りを巻き込む
コミュニケーション編

17

仕事を続けられる人は失敗を笑い、失う人は失敗で落ち込む。

03項でも失敗から学ぶこと、すぐに切り替えることの重要性について触れましたが、この項では、過去の失敗体験の扱い方について、少し違った角度から考えたいと思います。「仕事を続けられる人」になるためには、それだけ「失敗とのつき合い方」がカギを握るのです。

私がこれまでに親しくしてきた優秀なビジネスパーソンたちも、必ずどこかで失敗をしています。そして、私は、彼らが過去にどんな失敗をしてきたかをよく知っています。なぜかというと、**優秀な人ほど、自分の失敗談をネタにして、屈託なく周りに話す**からです。

実はこれが、「仕事を続けられる人」であるために大切なことなのです。

第一に、**周囲とのコミュニケーションを円滑にする**ために、失敗談ほど格好のネタはないからです。

例えば、部下からすれば、はるかに年上で気軽に話しかけづらい上司でも、自分から失敗談を語ってくれれば、「課長でも失敗するんだ」と距離を縮めることができます。失敗などしないように思える部門のエースが、明るく過去の大ヘマを話してくれれば、周囲は「彼も自分たちと一緒なんだ」と親しみが湧くはずです。

自己開示は人間関係を緊密にするための大切な要素です。自分を出さない人に対しては、相手も心を開くことができません。

ですから、私たちが上司層に部下とのコミュニケーションをテーマとした研修を行う際も、自己開示の重要性やその方法については、念入りに伝えています。そして、最も効果的な自己開示のネタが自分自身の失敗談なのです。

ところが「仕事を失う人」は、過去の失敗を恥ずかしいことと思い、ひた隠しにします。とかく言う私自身も、若い頃は、見栄を張りたい気持ちから、失敗について積極的には話していませんでした。しかし、キャリアを重ねるうちに、それがいかにもったいないことなのかに気づいたんですね。今では、何か失敗をすると、「よし、ネタが一つできた。いつか話してやろう」と考えるようになりました。

失敗を笑い話にして周囲に語ることには、もう一つ効能があります。それは、**チーム内で失敗体験を共有できる**ということです。

人は失敗から学ぶことで成長していきます。しかし、失敗体験が自分だけのものであれば、成長できるのは自分だけ。同じような業務に取り組んでいるチームの仲間は、自分と同じ失敗を繰り返すかもしれません。

しかし、飲み会の席などで、上司や先輩が明るく自分の失敗談を語れば、チームのメンバーは笑いながらも、その失敗体験を共有することができます。

「なるほど、こういう場面でこういう行動をすると、こんな失敗につながるんだ」ということを若いメンバーが理解すれば、一人ひとりが同じ失敗を繰り返すリスクを回避できます。その分だけ、チーム全体の経験値が少し上がるのです。

最後に、**失敗を笑い話にすることは、ハードな仕事に日々取り組んでいく中で、メンタ**

ルを維持するためにも大切なことです。

「仕事を失う人」は仕事のミスで上司に叱られると、自分の人格までも否定されたかのように深刻に捉えてしまいます。「仕事の失敗は仕事の失敗」と割り切って考えることができないため、失敗を重ねるたびに心にダメージを負ってしまう。仕事には失敗がつきものなのに、これではとてもやっていけません。

「仕事を続けられる人」が失敗を笑い話にするのは、メンタルの調整弁としての意味もあるのです。「仕事は仕事、自分の人生とは別物」と切り分けて考え、仕事の失敗は明るく笑い飛ばしてしまう。これができる人は精神的にタフです。

「仕事を続けられる人」は、上手に自分のメンタルをコントロールする術も心得ているのです。

18 仕事を続けられる人は弱みをさらけ出し、失う人は強みをアピールする。

私の経営する会社では、管理職を対象としたさまざまな研修を行っていますが、その際に伝えている大切なメッセージの一つが、「完璧な上司を演じようとしないでください」ということです。

上司という役割を与えられると、人はどうしても「部下に弱みを見せまい」という考えにとらわれがちです。しかし、何の弱みもない人などそもそもいません。それなのに、上司が必死に自分を取り繕うとし続ければ、部下との間にはむしろ壁ができてしまいます。

良い上司とは、自分の弱みをさらけ出せる人です。それこそが「仕事を続けられる人」なのです。

多様な人たちが集まるチームのリーダーには、メンバーそれぞれの強みを活かし、弱みを補い合うマネジメントが求められます。そのためには、**自分も含めたチームのメンバー**

の強みと弱みを客観的に把握することが必要。そのうえで、お互いに強みと弱みを自己開示し、理解し合うことが大前提です。

上司も正直に自己開示し、自分の弱みをさらけ出さなければなりません。

「そんなことをしたら部下に軽く見られる」「優秀な部下に足をすくわれるのではないか」と不安に感じる上司が実際に少なくないのですが、これこそ「仕事を失う人」です。ピラミッド型組織を上から管理するという、古いイメージから脱却できていません。

女性やシニアや外国人など多様化が進むチームは、横のつながりの中で、目的を中心にまとまります。上司は、この目的の共有や、メンバーの意識づけなどの役割を担うチームの一員にすぎません。**自分のできないことを補ってくれるメンバーがいるわけですから、弱みがあっても一向に構わないのです。**

むしろ、上司が積極的に弱みを開示することで、部下も自己開示がしやすくなりますし、「課長は○○が苦手だから、そこは自分たちがフォローしよう」という意識が生まれます。その結果、チーム全体はうまく機能するようになります。

もちろん、自分の強みをしっかりと持っていることは大切です。強みがあるからこそ、自信を持って弱みをさらけ出すことができるのですから。

しかし、上司にとって、自分の強みをアピールすることにあまり大きなメリットはありません。上司であれば、対外的にはチームの強みや、一人ひとりのメンバーの強みをアピールするべき。実際、私が出会ってきた有能なリーダーたちは、自分の能力や手柄よりも、部下の優秀さや実績を積極的に語る人ばかりでした。

発展途上の20代であれば、ときには自分の強みをアピールすることも必要でしょうが、30代以降、本当の意味で自信がついてくれば、その点はあまり重要ではなくなってくるのです。むしろ、**キャリアがある人が強みをアピールするのは、虚勢や手柄自慢のように受け止められることが多いので注意したほうがいいでしょう。**

さて、かく言う私自身も、弱みを抱えた上司でした。

チームの目的を設定したり、目的に沿った事業計画を考えたり、メンバーの意識を目的に向けて方向づけたりするコンセプチュアルワークは得意としていましたが、事業計画を具体的な数字に落とし込んだりするテクニカルワークは苦手だったのです。

そこはもう隠してもしかたのないところですし、一貫して「数字は苦手」とオープンにしていました。「それでマネージャーが務まるの？」と思う人もいるかもしれませんが、務まります（笑）。私が苦手な部分を得意とするメンバーに頼ればいいのですから。

メンバーは、「自分がしっかりしなければ」という意識で仕事に取り組んでもらえますから、弱みがあることも、それをさらけ出すことも決してマイナスにはなりませんでした。ＩＴが苦手なのに、ＩＴエンジニア向けのサイトの編集長を務めていたこともあります。

上司の目的は、チームをまとめ、成果を上げることです。そこにブレがなければ、弱みをさらけ出すことへの怖さなどは乗り越えられるはずです。

18 仕事を続けられる人は、弱点を補ってもらえるメンバーと協力して仕事をする！

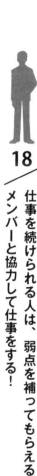

19

仕事を続けられる人は目的から考え、失う人は目標から考える。

「個人」としての「目標」を設定し、その達成を目指して努力することには大きな意味があります。「今の自分には少し厳しいかもしれない……」と感じるレベルの「目標」を立て、その達成を積み重ねていくことで、人は成長することができるからです。

一方、多くの仕事は「チーム」で取り組みます。そのため、「チーム」の一員として、「チーム」の「目的」を意識することも大切になります。他のメンバーと「目的」を共有することで、複数のメンバーが同じ方向を向いて頑張ることができるからです。

今、私は「個人」と「チーム」、「目標」と「目的」という言葉をそれぞれ対比的に使いました。もし、あなたが「個人の目標」にばかりとらわれているなら「仕事を失う人」、「チームの目的」を意識して働いているなら「仕事を続けられる人」ということになります。

キャリアを重ねるごとにリーダーやマネージャーとして、人を動かし、チームをまとめ、

牽引するという役割が求められます。どこかで「チームの目的」から考えることができるようにならなければ、成長は見込めないでしょう。

「目標」というと、わかりやすいのは売り上げなどの数字です。「今期はこれだけ売り上げよう」と具体的な「目標」を設定すると、短期的には日々頑張る強制力が働きます。

しかし、具体的な「目標」だけを見つめていると、人は視野が狭くなります。**とにかく数字を達成しようと闇雲に頑張る一方で、「何のために」（＝目的）が意識から抜け落ちてしまうと、働くモチベーションを維持し続けることが難しくなります。**そのため、「目標」にばかりとらわれている人は、「仕事を失う人」になってしまうわけです。

上位にあるのはあくまで「目的」。「何のために」がまずあって、そこに向かう途中経過として、達成すべき「目標」があるのです。

また、時代が大きく変化し、職場のメンバーの多様化が進む中で、「チームの目的」から考えることは一層大切になってきています。

かつての日本企業のように、男性正社員中心の同質性の高いピラミッド型組織であれば、上司が「目標」を掲げるだけでも部下は動きました。全員が当然のこととして出世を目指しており、目標を達成すれば評価され、その結果、出世して給料も上がり人生設計もできるわけですから。

しかし今は、働く人の多様化が進み、女性も数多くいれば派遣・契約で働く人もいます。職場によっては外国人やシニアも増えています。雇用形態も違いますし、「出世は望んでいない」「仕事よりプライベートを大切にしたい」など、価値観も多様です。

このような組織では、リーダーが売り上げなどの目標だけを掲げて上から命令しても、メンバーは動きません。「目標を達成しても時給が増えるわけじゃないし」「そのために忙しくなるのは勘弁して欲しい」といった具合に、それぞれのメンバーがバラバラな方向を向いたままで、チームとして円滑に機能しないのです。

そこで重要になるのが「目的」の共有です。

「誰のどんな役に立つためにこのチームがあるのか」という目的は、価値観や雇用形態が違っても共有することができます。目的の下では、多様なメンバーが一つの方向に向かい、まとまることができるのです。

これは人を動かすこれからのリーダーに必須のもの。「仕事を続けられる人」に欠かせない条件です。

ただし、このような考え方やスキルは、一朝一夕に身につくものではありません。「仕事を続けられる人」を目指すのであれば、あなたがまだリーダーではなかったとしても、多様な人たちの価値観を認め、理解する態度やコミュニケーションを日々実践し、自分のものにしていくことが大切になるのです。

同時に、自分が属しているチームの目的を常に意識しましょう。個人の目標は、そこからブレイクダウンして設定していくのです。そうすることで、「チーム」と「個人」が、「目的」と「目標」が、無理なく結びつくようになるはずです。

19 仕事を続けられる人は、目的から目標を作り出す！

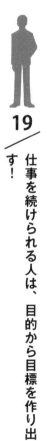

20 仕事を続けられる人は周りの力を借り、失う人は一人でやり遂げようとする。

仕事というのは、ほとんどの場合、一人で完結できるものではありません。多様な人たちがそれぞれに能力を発揮し、それらが一つにまとまることで、成果を生み出すことができるのです。

この点を見誤っている「仕事を失う人」は、一人で仕事を抱え込み、一人でやり遂げようとしてしまいます。

中には、「周囲の手を煩わせないで一人でやり遂げるのはいいことじゃないか」と考える人もいるかもしれないですね。確かに少し前までは、人に任せずに仕事を抱え込み、毎日のように残業している人が評価されることもありました。

しかし、時代は変わり「働き方改革」が盛んに叫ばれる今、そのような人が評価される職場はどんどん少なくなっています。

また、私に言わせれば、そもそも**「一人で抱え込む」「一人でやり遂げようとする」仕事のやり方は、周囲の力を活かせないという意味で、決して評価されるようなものではないのです。**

この「仕事を失う人」の方法では、結局、自分一人の強みしか活かすことができません。その人の弱みや苦手が、仕事の成果にもそのまま反映してしまいます。しかし、チームには自分にはない発想を持っているメンバーも、自分の弱みを補ってくれる能力を持ったメンバーもいるはずです。

他のメンバーの強みをうまく活かしたほうが、トータルでの仕事のクオリティは上がります。「仕事を失う人」は、チームで仕事をしていることを意識できていないのです。

また、キャパシティを超える仕事量を抱え込むことで、仕事の進行や納期が遅れるという問題も起こります。このように進捗をコントロールできないことは、大きなトラブルにもつながる可能性が高いですから、その意味でも評価できません。

他の人たちの仕事量を増やしたくないという配慮がそこにはあるのでしょうが、結果として重大な進行の遅れが起きれば、結局は周囲に迷惑をかけてしまうことになる。その点に思い至っていないことも問題です。

それに対して、「仕事を続けられる人」は周囲を巻き込みます。自分だけでやるのではなく、周囲のメンバーの力を上手に借りて、仕事を前に進めることができるのです。

誤解をして欲しくないのですが、決して、「単に自分が楽をしたいから他人に振る」ことを推奨しているわけではありません。

「仕事を続けられる人」は、「ここはＩＴに詳しいＡさんの知見とスキルがどうしても欲しい」「営業出身のＢさんなら営業部門との交渉役として頼りになる」といったふうに、**それぞれのメンバーの強みをどう活かすかを考えながら、チームをデザインします。**

そして、自ら「おもしろいことをやろう！」と周囲に発信し、「この指止まれ」でメンバーを集めます。特に参加して欲しい人には、個別になぜその人を必要としているかをしっかりと伝え、頼みたい仕事の目的や魅力を熱く語ります。これらによって、単に仕事を任せるだけでなく、巻き込む相手のモチベーションをも掻き立てるのです。

組織の力学に基づいて、上から命令してチームをまとめる方法は限界にきています。必要とされているのは、多様なメンバーが目的を共有することによってまとまるチーム作りです。**周囲を巻き込む力は、肩書きやポジションにではなく、個人に属するものですから、部門の枠を越えて発揮することもできます。**

なお、ここでは便宜上「周囲を巻き込む」という言い方をしましたが、「周囲が巻き込まれる」という言い方のほうがよりふさわしいかもしれません。

というのも、「仕事を続けられる人」は、決して力技で上から人を動かしているわりではないからです。横のつながりの中で周囲を触発することで、気がつくと周囲の人たちのほうが自発的に巻き込まれている、そんな状況を作り出しているのです。

20 仕事を続けられる人は、メンバーの強みを活かし、仕事のクオリティを上げる！

21

仕事を続けられる人は自分の役割にこだわらず、失う人は自分の役割を明確にしようとする。

日本の会社は職能給制度に基づくメンバーシップ型雇用が中心ですが、欧米の会社は職務給制度に基づくジョブ型雇用が中心です。

日本型雇用では、職務遂行能力に応じて賃金が定められるため、制度上、基本的に仕事内容は限定されません。ですから、仕事が溜まっている同僚を手伝って、一緒に残業するということも日常的に起こります。

一方、欧米雇用では、職務やその難易度に応じて賃金を定めますから、自分の仕事の範疇《はんちゅう》を越えて、他人の仕事を手伝ったりすることはほぼありません。

ただし、最近は日本でも労働時間の短縮や働き方の見直しが進む中で、限定正社員が生まれたり、職務給を取り入れていくべきだという論も目立つようになってきました。

私は、この流れは受け入れるべきだと考えていますが、日本企業に合うようにアレンジすべきだと感じています。役割を明確に定めず、お互いに助け合う働き方は日本人のメンタリティに合っていますし、そのようなＤＮＡがあるからこそ、日本の会社では、世界有数の長寿企業大国になってきたと思うからです。

実際、こんな話があります。ある日本の会社が外資系企業から工場を買い取り、欧米風に個別の作業スペースが設けられたレイアウトをそのまま使おうとしたのですが、「これではコミュニケーションもとれない」「やりにくい」という声が上がって、結局、仕切りを取り払ってしまったそうです。

他人の仕事など関係なく、ボックスの中で集中して働くほうが、個人主義の欧米人にはフィットするのでしょうが、チームで働く意識が強い日本人には合わないのです。

ですから、一足飛びに日本型から欧米型に転換することには、私は反対です。しかし、欧米型にも自分の専門性を追求できるなどいいところはありますから、日本的なすり合わせの文化やお互いに協力・連携する働き方は残した、いわばハイブリッド型の新しい仕組みを取り入れるべきだというのが、私の持論です。

メンバーシップ型の文化に基づいて、お互いの役割を理解し、コミュニケーションをしながら臨機応変に役割を変えていくことができるチームこそ、これからの時代には合っていると考えます。

このようなチームでは、あるメンバーが育休などで一時的に抜けたとしても、他のメンバーが協力し合って穴を埋めることができますし、あるメンバーに負荷がかかりすぎたときには、他のメンバーがすぐにフォローに入ることができます。

長い人生では、良いときも悪いときもある。困ったときはお互いさま。こうした意識で一人ひとりが助け合い、チーム全体が有機的に機能する仕組みが大切なのです。私は10年以上会社経営をしてきましたが、会社はみんなで支え合う仕組みだと感じていますし、社員たちにも常々そう話しています。

さて、このようなチームのあり方を前提とした場合、**自分の役割を明確にしたがり、「それは私の仕事ではありませんから」と助け合おうとしない人は、「仕事を失う人」**と言わざるをえません。市場や顧客の変化に応じて柔軟に変化できるチームの強みが、そこからほころびてしまうからです。

一方、**チームの中で上司から任された自分の役割があったとしても、周りをよく観察して自在に役割を変えたり、自ら手を挙げて複数の役割を担ったりできる人は「仕事を続けられる人」**です。

もちろん、頼まれたら嫌と言えない、悪い意味での「何でも屋」になれと言っているわけではありません。ここで言う「仕事を続けられる人」は、日頃からコミュニケーションを重ねることで、他のメンバーの役割や、チーム全体の状況を把握しています。さらに、自分の余力も計算したうえで、「チームにとって必要だから」という観点から動くことができる人です。

このような人は、自ずと周囲から頼りにされるようになりますし、上司はより重要な仕事を任せたくなるものです。

21 仕事を続けられる人は、メンバーとの協力を惜しまない！

22 仕事を続けられる人は上司への報連相が短く、失う人は上司への報連相が長い。

ビジネスパーソンにとって上司への報連相（報告・連絡・相談）が大切であることは、一般的にもよく言われますし、私自身もことあるごとに皆さんに伝えています。

では、上司への報連相にしっかり時間をかける人が「仕事を続けられる人」なのかというと、実は違うのです。「仕事を続けられる人」ほど報連相の時間は短く、「仕事を失う人」ほど長い。

理由は単純です。**「仕事を失う人」は、そもそも報連相の頻度が低いのです。**

「仕事を失う人」は、マメに上司とコミュニケーションをとる習慣がありません。だから、取り掛かっている案件がある程度形になってから、改まって報告や相談の機会を設けようとします。

その件について上司と話すのは久しぶりですから、10分、15分では終わりません。しかし、忙しい上司に急に1時間時間が欲しいと言っても、すぐには対応できないことのほうが多いもの。「今週は埋まっているなあ、来週なら大丈夫だけど……」といった具合に、そこでも報連相のタイミングが後ろにずれ込んでしまいがちです。

そして、いざ上司に報告する段になっても、なかなか話がスムーズに運びません。「例の件なのですが」と切り出しても、久しぶりにその話を聞く上司は、「どんな件だっけ？」「どうなっていたんだっけ？」という状態ですから、上司がその案件について思い出し、視点をすり合わせるまでにムダな時間を要します。これだけで10分、15分かかってしまうことも少なくありません。

さて、ここから本題に入るわけですが、中間の報告を受けていないので、上司には気になるポイントがいくつも出てきます。そのため、「その案件の前提条件はどうなっていたっけ？　もう一度教えてもらえる？」「関連の他部署の担当者は、その件についてどう言っているの？」といった質問が次々に飛んでくることになります。

この質問に想定外のものがあった場合、改めて調べたり、確認したりする必要が発生するので、その場で上司の決裁は得られません。また、上司の目から見て何か重大な問題があった場合には、ある程度進んでいる案件が大幅な軌道修正を迫られる可能性もあります。

もう一つ、**「仕事を失う人」に共通の傾向として、一度報連相をしたタイミングで次のアポイントを取らない**んですね。そして、必要なリサーチや確認、調整をまたじっくり時間をかけてするのですが、いざ報告するとなると、アポ取りに手間取り……というところから繰り返すことになってしまいます。

このように、「仕事を失う人」の報連相が長いのは、それだけ丁寧に報告や相談をしているからというわけではないのです。報連相の間隔を空けてしまうから余計な時間が必要になっているだけ。自分はもちろん上司の時間もムダにしているのです。

しかも、大きな軌道修正も発生しがちなので、仕事の進め方としても非効率的です。

それに対して、「仕事を続けられる人」は頻繁に報連相をしているので、結果として1回の報告や相談に要する時間が短くなります。

ちょっとした雑談やランチ、営業同行などの機会も含めて、こまめに案件の進行状況について上司に伝えていますから、改まって基本情報の共有などをする必要がありません。

「○○の件ですが、今、こうなっています」と簡潔に伝えれば、「OK、それで進めて」で話が終わってしまうことも。1回1回のやりとりが、非常に簡潔かつスムーズなのです。

さらに、1回10分程度で簡単に話が終わるのであれば、アポイントなしでその場で対応してもらえることも多いでしょうから、案件がムダにペンディングになるロスも回避できます。

また、アポ取りが必要な場合も、「仕事を続けられる人」は、報連相の機会に次のアポイントもその場でとってしまうのです。そのタイミングまでに、必要なリサーチや確認を済ませて、すぐに報連相ができますから、ここでもムダが省けます。

何より、**頻繁に報告を受けることで、上司は余計な不安を感じることがありません。**上司との良好な関係を築くうえでも、マメで短い報連相は有効なのです。

報連相で大切なのは長さより頻度。「仕事を続けられる人」は、この基本中の基本をしっかりと理解し、習慣としているのです。

22 仕事を続けられる人は、小まめに報連相をする！

23

仕事を続けられる人は外を向き、失う人は内を向く。

どんな会社でどんな職種に就いていようとも、仕事の目的は「お客様のお役に立つこと」です。お客様の課題解決に結びつく時間以外は、働いているとは言えないのです。この原則から外れた仕事などほぼありませんし、この原則に異論を唱える経営者や管理職もいないはずです。

しかし、会社という組織では、お客様からの直接の評価ではなく、上司からの評価によって、昇進や昇給が決まります。

そのため、「お客様のため」という本来の目的の優先順位がいつのまにか下がってしまいがちです。お客様や社会のほうへ「外向き」であるはずの視線が、徐々に会社や上司の期待や評価を最優先する「内向き」の視線に変わってしまうのです。

会社の創業期であれば、創業者の「お客様のため」という強い思いで全社一丸になれます。しかし、組織が歴史を重ね大きくなっていくと、徐々に内向き志向が広がり、お客様や社会とのズレを次第に広げていくものです。

一部の大手企業で起きている不祥事などは、その象徴と言わざるをえません。明らかに本道を外れている不正行為が、「会社のため」「上司のため」に行われてしまいます。

組織の常識に縛られ、外から見ていると、「なぜそのようなことを……」と感じる行動をとってしまうわけです。

世間の常識と乖離《かいり》した「組織の常識」が身に染みついてしまった人の考え方や発想は、会社の外では通用しなくなります。

生涯その会社で働き続けるのであれば、それでもなんとかなるのかもしれませんが、会社の寿命は30年、かたや人生１００年の時代。仮に会社が存続したとしても、経営環境が激変する中で、昨日まで信じていた組織の常識が一変してしまうこともあるでしょう。会社が守り続けてくれるという幻想はもう崩壊しました。

ですから、今、会社の中でどれだけ高いポジションにいようと、高い評価を受けていようと、「お客様の期待」より「上司の期待」を優先する人の行き着く先は、「仕事を失う人」

なのです。

それに対して「仕事を続けられる人」は、「お客様の期待」を最優先にして行動します。**組織の論理や組織の常識に流されないよう、しっかりと外向きの視線を維持し続けているのです。**

私は仕事柄、「今、人材市場で求められる能力や経験とは何か？」といった質問をされることが多いですが、最も重要なのは外向きの視線です。お客様を見て働いてきた「仕事を続けられる人」の考え方や発想は、本質的な部分ではどんな会社に行っても通用するからです。

さて、「お客様の期待」を最優先にすれば、ときに「上司の期待」とズレが生じたり、対立が生じたりすることもあります。

しかし、そこでいちいち上司と正面衝突していては、本来やりたい仕事もできなくなってしまいますから得策とは言えません。かといって「会社はわかってない」「上司の言うことはおかしい」と愚痴を言っているだけでは、何もしていないのと同じです。

「仕事を続けられる人」は、そのような難しい局面も巧みに打開することができます。

例えば、上司の内向き志向の指示に対し反論する際には、まずは自分も上司も会社も共有しているはずの「お客様のため」という価値観に立ち返り、それをすり合わせるのです。

「課長も、お客様に価値を提供することが私たちの仕事だといつもおっしゃっています。そうであれば、ここはまずお客様のことを最優先に考えて動くべきではありませんか」と提案すれば、頭ごなしに否定できる上司はそう多くはないでしょう。

それでもダメな場合は、**組織の常識にとらわれている直属の上司を飛び越えて、その上の上司にアプローチする**という方法もあります。なおその場合でも、直属上司のメンツを潰さない周到な配慮も忘れずに。

自社の組織や上司も「お客様」という視点で捉える**「仕事を続けられる人」は、社内に対しても対顧客と同じような戦略をとることができるのです。**

23

仕事を続けられる人は、お客様のためになることを最優先に考える！

24 仕事を続けられる人は雑談を好み、失う人は効率を好む。

私は、リクルートに在籍していた当時、トントン拍子に出世していく先輩や同僚の普段の様子を見ていて、共通するある行動に気がつきました。

この人たちはやたらと社内をウロウロしているのです。


仕事上の用件があるわけでもなく、いろいろな部署に顔を出し、そこで知った顔を見つけては、隣に座ってちょっとの間、雑談しているんですね。

これだけを聞くと、「仕事をサボって他人のジャマをしているだけではないか」と思う人もいるかもしれません。実際、そういう面がまったくなかったとは言いませんが（苦笑）。

結果として彼らは、イノベーションや業務改善、組織改革などで目覚ましい成果を上げました。ですから、このウロウロ&雑談にはやはり意味があるのです。

この人たちは、**雑談からアイデアの種を得たり、課題を発見したりしていた**んですね。他部署のメンバーの話を聞くことで、自分の部署の社内での相対的なポジションを理解したり、自分の部署の常識が他部署の非常識であることに気づいたりしていたのです。部署のデスクにじっとしているだけではわからない情報が、他部署での雑談を通してどんどん入ってくるというわけです。

これは、確実に「仕事を続けられる人」の行動習慣と言えます。

最近は効率が重視される傾向が年々高まっていますから、雑談などは非効率の最たるものとして嫌われがちです。

効率重視の人たちは、情報を得ようと思ったら、そのための場を設け、必要と思われる人から、必要と思われる情報を得ようとします。それはそれで悪いことではありませんが、この方法には欠陥があります。必要だとすでにわかっている情報しか得られないのです。

前述の**ウロウロ&雑談の優れているところは、自分の思ってもいなかった情報を思ってもいなかったところから得られることです。**

効率重視の人は、このような想定の範囲外の情報を得る機会が少ない。結果として、視野が狭くなってしまうのです。
つまり、効率ばかりを重視して雑談を避ける人は、「仕事を失う人」なのです。

社外での人とのつながりも、「仕事を続けられる人」と「仕事を失う人」では対照的です。効率重視の「仕事を失う人」は、一気に人脈を増やそうとして異業種交流会やパーティなどには積極的に参加します。しかし、私もこのような会に参加することはありましたが、得られるものはあまりありませんでした。初対面の異業種の人と話をしていても、表面的なやりとりに終始してしまい、結局得ようと思っていた情報もあまり得られません。

「仕事を続けられる人」は、誰からどんな情報を得てやろうという気持ちで人とつき合ったりはしません。友人でも、趣味仲間でも、家族でも、ざっくばらんに話ができる関係を大切にし、その中でたまたまポロっとこぼれてくるホンネにヒントを得ることができるのです。

また、**多数の人と交流する場よりも一対一での深い対話の場を重視します。**ここぞという相手とは、さしで飲む機会を意識的に作り、個人と個人で信頼関係を育むのです。

さらに、「仕事を失う人」が、「この人と話すことで自分にどんな得があるのか」と考えがちなのに対して、「仕事を続けられる人」は、損得抜きでいろいろな人と分け隔てなく交流します。

効率重視の「仕事を失う人」に共通しているのは、最短距離で正解を得ようとするスタンスです。しかし、今のような変化の時代には、どこの誰に話を聞いたところで、一発で正解を得ることなど到底できるものではありません。

大切なのは想定外の気づきをどうやって得るか。雑談重視の「仕事を続けられる人」は、その点をよく理解しているのです。

ただし、効率重視の人が、「じゃあ、明日から情報収集のために雑談を取り入れよう」と考えても、すぐにうまくいくものではありません。相手のホンネに触れることができるざっくばらんな雑談には「遊び」や「ムダ」も必要。まずは、どんな職場にもいるはずの「雑談の達人」と、自分自身が雑談を重ねながら、コツを学んでみましょう。

24 仕事を続けられる人は、無駄話を自然体でできる！

25
仕事を続けられる人は利害対立をチャンスと捉え、失う人は利害対立を避ける。

ビジネスにはさまざまな利害対立がつきものです。そして、利害対立が生じる難しい局面こそ、ビジネスパーソンにとっては腕の見せ所となります。これをチャンスと捉え、おもしろがることができる人は、「仕事を続けられる人」です。

社外での利害対立ということで言えば、典型的なのが、「買う気が一切ない顧客」と「売りたい営業マン」です。

営業の世界では、「お客さんに断られたところから仕事がはじまる」と言われます。はじめから買う気満々の顧客であれば、利害対立はありませんが、営業マンの仕事をしようがありません。誰が行ったところで売れるのですから、自分なりの工夫をする余地がないのです。だからこそ、「食える営業マン」は断られると腕が鳴るわけです。

この人たちは、まず、**対立の背景に思いを巡らし、相手の立場に立って考えます。**「なぜウチの商品を買わないのだろう」「どんな商品なら買うのだろうか」というところから発想し、顧客が会社の経営にどんな課題を抱えているか、潜在的にどんなニーズを持っているかなどを、粘り強くコミュニケーションしながら分析するのです。そして、利害が一致するポイントを探っていきます。

「買ってください」「いらない」という対立関係から、「お客様はこんな課題を抱えていますよね。それを解決できる方法があります」と同じ方向に向かう関係を創り出していくのです。

このように、**利害対立という課題を、自分の工夫によって解決することこそ「仕事」なのです。**「仕事を続けられる人」は、「だからこそ自分の介在価値がある」と考えるのです。

「食えなくなる営業マン」は、「買わない」と言われたらすぐに諦めてしまいます。利害対立に直面すると、そこから逃げようとする。この人たちは「仕事」というものを見誤っています。売れないものをいかに売るかが営業の仕事であり、能力の発揮しどころなのに、チャンスをみすみす棒に振っているのですから。

社内の利害対立で言えば、リーダーの交代劇などが典型的です。大きな問題があり、複雑な組織の人間関係の中で何かしらの利害対立が起きているようなケースでこそ、交代劇は起こりやすいからです。

出世を目指すビジネスパーソンの多くは、順風満帆で伸びている部門のリーダーになりたいと考えていますが、そんな部門のリーダーは比較的容易に務まります。また、そんな安直なリーダー交代はそう多くはありません。大概は何かあるのです。

例えば、ひたすら「数字を伸ばせ」と圧力をかけてくる経営層と、「もっと顧客志向で仕事をしたい」と考える部門のメンバーが対立関係にあり、その板挟みでチームを統率できなくなった上司が外されたとしましょう。新たなリーダーには、さっそく厳しい課題が突きつけられることになります。

また、配属された部門が問題児ばかりというケースもあるでしょう。モチベーションを失い、「笛吹けど踊らず」という状態になってしまっているメンバーや、チームの目的を外れ、自分のやりたいように行動するメンバーは、チームを一つにまとめたいリーダーとは、当初、対立関係にあります。

しかし、ことは先ほどの営業マンの事例と同様です。**簡単には解決できない利害対立があるからこそ、リーダーとしてのマネジメントの手腕を発揮するチャンスなのです。**この難しい局面を打開することができれば、大きな実績になります。

「仕事を続けられる人」はこのような実績を積み重ねることで、優れたリーダーとして成長していくのです。

このような利害対立から生じる難しい課題を解決するには、とにかく場数を踏み、経験値を高めることが必要です。逃げずに挑戦し続ければ、失敗することもありますが、確実に成長できる。逃げ続ければ、そのときは楽をできますが、経験値の上積みができず、いつまでも同じ場所にとどまり続けることになります。

さて、あなたはどちらを選ぶでしょうか？

25 仕事を続けられる人は、問題から逃げない！

26

仕事を続けられる人は部下や後輩から学び、失う人は上司や先輩だけから学ぼうとする。

多くの人は、自分より豊富な経験を持った年長者から学ぼうとします。会社員であれば、学ぶ対象は上司や先輩だと考えるのが一般的でしょう。

しかし、今や経営環境が激変し続けている時代です。10年前どころか、3年前、1年前の常識すら通用しなくなることも珍しくはありません。

このような時代には、**経験が豊富な上司や先輩だからといって正解を知っているとは限りません。**

例えば、スマートフォンを活用したビジネスを企画するのであれば、40代、50代のベテランより、若手のほうが有利です。物心ついたときからスマートフォンに慣れ親しんできた彼らは、ユーザーとしての感覚がベテランよりはるかに磨かれています。

スマートフォンに限らず、ビジネスにイノベーションを起こそうとすれば、新しい技術に対する知見は必須。そこに強みを発揮するのは若手なのです。

上からしか学ぶことができない人は、そのような若手の知見をチームの成果に活かすことが難しい。すなわち、「仕事を失う人」ということになってしまうのです。

もちろん若手に企画を出させることくらいはどの職場でもやっているでしょうが、古い知見にとらわれた人は若手の企画の良さを理解できず、簡単に潰してしまいます。優秀な若手ほど、それを察知するので、出る杭になろうとしないのです。実にもったいない。若手の発想を活かそうとしたら、**部下や後輩からも学び、自分の価値観やものの見方を更新し続けることが不可欠なのです。**

「仕事を続けられる人」は、上司や先輩からも、部下や後輩からも、あるいは顧客からも、全方位的に学びます。

正解が見えない時代だからこそ、多様な人たちの考え方、感じ方などを吸収し続け、それらを自分の中で総合することによって、イノベーションの種を見つけ出していくのです。

また、それとは違った角度からも、部下や後輩から学ぶ姿勢は重要になっています。

少子高齢化が進み、人手不足がどの会社にとっても深刻な問題になっている今、個人と会社のパワーバランスも大きく変化してきています。選択肢が豊富な若手は、自分が満足できない職場であれば、我慢してまで働く必要はありません。

このような時代に、上司や先輩が、上から古い価値観を押しつけるようなコミュニケーションをしていては、優秀な若手人材が流出してしまうだけです。

このようなパワーバランスの変化に納得できない思いを抱いている人もいるでしょうが、そこに文句を言っても時計の針が戻るわけではありません。若手の減少は今後も構造的に続く以上、上司や先輩はこの新しい環境に対応していかなければならないのです。

そこで求められるのは、**部下や後輩を自分たちの古い尺度で測るのではなく、彼ら彼女らの立場に立ち、その価値観や考え方を学ぼうとする態度です。**

多様な人たちが集まるチームをマネジメントするうえでは、多様性を前提とし、自分と違う人たちを認め、受け入れ、そこから学ぶことが何より重要になります。

「そこまでして部下や後輩のご機嫌をとらなければならないのか」と考える人は、「仕事を失う人」です。時代は変化し、マネジメントの考え方も手法も根本的に変わってきていることが、まだ受け入れられないということですから。

そもそも、「若手から学ぶことなんてない」と考えてしまうこと自体が、年功序列を前提とした古い日本企業の価値観に染まっていることの表れです。

この価値観は、一定の期間、一定の条件下でのみ通用したにすぎません。永遠不変の真理でも何でもないのです。環境が変わりルールが変われば、積み上げてきた経験値は資産ではなく負債に変わるのです。

大局観を持って歴史を振り返れば、明治の初期、20代前半で日本の民主化に取り組んだ植木枝盛のように、新しい知見を活かして社会を変えていった若者がたくさんいました。

変化の時代に社会を牽引するのは若者です。「仕事を続けられる人」は、この真理を直感的に理解しているからこそ、若手からも真摯に学ぼうとするのです。

26 仕事を続けられる人は、誰からも貪欲に学ぶ！

27 仕事を続けられる人は自分から出向き、失う人は自社に来てもらう。

「仕事を失う人」は上下関係にこだわります。社内での人間関係はもちろん、取引先や下請け先といった社外に対しても、受発注関係などに基づいて、どちらが上か下かをやたらと決めたがるのです。

こちらが上だと思えば、偉そうに振る舞い、下だと思えばこびへつらうというのがこの人たちの行動パターン。下だと判断した取引先や下請け先は、用件があれば自社に呼びつけます。何しろ**「仕事を失う人」の中では明確な上下関係がある**のですから、「来て」と言えば来るのが当たり前だと考えているわけです。

しかし、言うまでもないことですが、意味もなく偉そうな態度をとる人が、人から好感を持たれることなどありません。単に取引関係を結んでいるだけの相手に「下」扱いされた人たちは、ストレスを溜め込んでいるはずです。

それでも、「その取引関係でこちらが強い立場なんだから偉そうにして何が悪い」と考えるなら救いようがありません。それに、この「仕事を失う人」は、今の関係がまるで未来永劫続くかのように考えていますが、それがそもそもの誤りなのです。

今は産業構造が複雑化するとともに、人材の流動も活発になってきています。

例えば、下請け先としてつき合っていた会社が、M＆Aによって自社の親会社になるといった事態も今どきありえなくはないです。自社に何度も呼びつけた取引先の担当者が、主要顧客である会社に転職してカウンターパートになるといったことも十分起こりえるでしょう。あるいは、かつて出資を求められて邪険に扱ったベンチャー企業が急成長し、今度はこちらが頭を下げて取引を申し込むといったケースだってあります。

また、自分が転職して、今まで「下」扱いしていた会社が大切な顧客になることもあります。そのときになってこびへつらっても遅いのです。

「仕事を失う人」は、いずれこのような形でしっぺ返しを食らう可能性があります。

それに対して、**「仕事を続けられる人」は社内であれ、社外であれ、肩書きや上下関係**

で人とつき合うことはしません。あくまで一緒に仕事に取り組むパートナーとして、上でも下でもないフラットな関係を築くのです。

だから、「仕事を続けられる人」は、偉そうに自社に呼びつけたりせず、必要があれば自分から取引先や下請け先に出向きます。人間関係に対する意識は、このようなフットワークの軽さに如実に表れるのです。

その結果、この人たちは、会社間の関係が急に変わったり、相手や自分が転職したりしても、人間関係は特に影響を受けません。相手の肩書きや自分の立場がどのように変化しようとも、お互いに気持ちよく働くことができる関係を維持できるのです。

結局、肩書きで人とつき合おうとすると、肩書きに変化があった場合、人間関係は大きく左右されてしまいます。

特に大企業で働いている人は注意が必要です。自分はそんなつもりはなかったとしても、相手は肩書きがあるからこそ、あなたとつき合っている可能性があるからです。**転職や独立をしたとたん、相手の態度が豹変することも珍しくありません。**

そのときには「ひどいな……」と感じるかもしれませんが、そのようなことが起こるのは、大企業時代、あなたが気づかずに会社の看板に頼った振る舞いをしていたからかもしれないのです。

私自身、リクルートという大企業を飛び出し、起業をしたことで、会社の看板が私自身の人間関係にどれほど影響していたかを痛感しました。

リクルート時代には、複数のメディアの編集長をしていたこともあり、数え切れないほど多くの社外の人たちと交流がありました。しかし、肩書きと名刺でつながった人たちとは、独立後に関係が続くことはなかったのです。独立の挨拶状にも、これらの人たちからはほぼ反応がありませんでした。彼らは、「リクナビ編集長」や「就職ジャーナル編集長」に興味があっただけで、「前川孝雄」個人に興味があったわけではなかったのです。

支えてくれたのは、以前から、肩書きなど関係なく「人と人」として深くつき合っていた友人たちでした。彼らが、折に触れ、仕事を紹介してくれたり、いろいろな人脈につないでくれたりしたからこそ、今の私や会社があるのです。

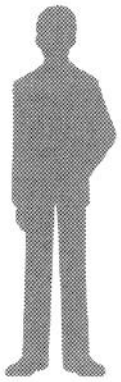

27 仕事を続けられる人は、肩書きを気にして仕事をしない！

第4章

結果を出す
生産性・成果の上げ方 編

28

仕事を続けられる人は自分で予定を立て、失う人は上司に予定を立ててもらう。

今、多くの会社が働き方改革に取り組む中で、残業時間の削減や長時間労働の是正といったことが大きなトピックになっています。確かに日本人の労働時間の長さは問題とされることも多く、ワーク・ライフ・バランスを重視する流れの中で、企業の関心がそこへ向かうのも理解できます。育児や介護など物理的制約がある人への配慮は必要です。

しかし、私は、本当に問題にするべきは時間の「量」なのだろうか、という疑問を持っています。実は、**「仕事を続けられる人」が注目すべきは、仕事の「量」よりも仕事の「質」の問題**ではないかと思うのです。

自分が働きがいを感じ、おもしろいと思っている仕事であれば、その労働時間は充実した意味のあるものなはずです。そんなときは、少々残業をしたところで、苦痛に感じることはないものです。

一方で、あまり意味を感じない仕事に取り組んでいるときは、労働時間が８時間以内であったとしても、やたらと疲れるものです。

では、働きがいを感じるおもしろい仕事と、意味を感じられないつまらない仕事の違いはどこにあるのでしょうか。

その分かれ目は、自分の時間に関する自己決定権の有無です。**自分でやろうと決め、自分で予定を立てて取り組むと、仕事はおもしろくなるのです。**

心の底からこの仕事をやりたいと思って取り組むこと、これを専門用語で内発的動機づけと言います。この心理概念を打ち立てた心理学者エドワード・Ｌ・デシは、内発的動機づけには、自分はやればできるという「有能感」とともに、自分でコントロールする「自己統制」がポイントだとしています。まさにこれが「仕事を続けられる人」の時間管理術だと言えます。

一方で、上司に一から十まで指示され、「この時間はこれをやるように」と細かな予定まで決められて取り組む仕事は、まさに「やらされている」仕事。このような仕事はつまらないものです。こちらは、「仕事を失う人」に特徴的な働き方と言えるでしょう。

決して業種や職種の問題ではなく、ここで問われているのは主体性です。どんな仕事であれ、自分が主体的に工夫することができ、予定も管理できることが重要なのです。

08項でも触れた、「仕事」と「作業」の関係を思い出してください。自分で予定を立てる「仕事を続けられる人」は「仕事」をしており、上司に予定を立てられる「仕事を失う人」は、「作業」をしているにすぎないのです。

「そうは言っても、上司のマネジメントは自分がコントロールすることはできない。部下の予定を細かく管理しようとする上司の下では、『作業』しか与えられない」とこぼす人もいるかもしれません。

しかし、このような「仕事を失う人」は、そこでも自分が受け身の発想になっていることに気づいていないのです。**仕事の工夫や予定管理に関する自己決定権は、主体的に上司に働きかけることで、十分自分の手に入れることができます。**

やり方は実に簡単です。

①上司に「作業」を指示されたら、「目的」を「質問」する
②「目的」に沿って自分でやり方を考え、上司に「提案」する
③「提案」に上司の考えをすり合わせるため「相談」する

これだけです。これを実践することで、「作業」は「仕事」になります。

上司だって、一から十まで指示したくてしているわけではありません。部下が主体的に仕事に取り組む姿勢を見せないから不安なのです。不安だから任せることができず、予定まで管理しようとする。

しかし、この質問・提案・相談のプロセスを経ることで、部下は主体性をアピールできます。それを確認できれば、上司は安心します。細切れの「作業」を指示するのではなく、まとまった「仕事」を任せることができるようになるわけです。

まずは上司に主体的に働きかけることで、「仕事を続けられる人」を目指しましょう。

28 仕事を続けられる人は、能動的に仕事をする！

29
仕事を続けられる人は早起きし、失う人はゆっくり起きる。

ビジネスパーソンにとって、始業時刻前の1時間の過ごし方は非常に大切です。
「仕事を続けられる人」は人より1時間前に出社し、集中できる環境で1日の仕事を目算し、優先順位を確認し、段取りやスケジュールを決め、ＴｏＤｏリストにまとめます。
この1時間で、その日をどう過ごすのかの「戦略」をしっかり組み立てるのです。

仕事で大切なのは、本質を見極めて行動することです。見当のつけ方に長けること、とも言えます。「仕事を続けられる人」は、優先順位の低い仕事に振り回されることなく、優先順位の高い仕事の質を高めるためにはどうしたらいいか、**何がいちばん大切なのかを朝一で考えることで、1日のアウトプットをマックスに持っていくことができるのです。**

ポイントは、やるべきことを決めるだけでなく、その日にやらなくていいことも決めることです。朝に「やらない」と決めてしまえば、もうそのことは1日考えずに済む。これが大きいんですね。段取りをつけずに、思いついた順から仕事に取り掛かっていると、結局、その日にやらなくてもよかったことに時間をとられてしまうこともあるからです。

「仕事を失う人」は、このように1日を有効に活用するための「戦略」が欠けています。**始業時刻ギリギリに出社するから、ゆっくりとその日の仕事の優先順位を決め、段どりをつける余裕もありません。**

いきなり1日の仕事がはじまってしまい、「あれもやらないと、これもやらないと」と目の前の仕事に追われ続けることになります。その処理の順番や、割くべきパワーの配分などが整理できていないから、気がつくと定時を過ぎているなんてことになりがちです。

準備不足がすべての歯車を狂わせているんですね。

結局、ゆっくり仕事ができるのは夜の時間。しかし、最近は残業時間の削減に取り組んでいる会社も多く、早く帰るように言われますから、限られた1時間程度で集中力をマックスに引き上げようとします。しかし、日中の過ごし方にムダが多いですから、夜にどれだけ頑張っても全体の効率は決して高くはなりません。

日本人は、労働時間は長いのに生産性が低いと指摘されています。しかし、そろそろ生産性の向上に本気で取り組むべきときでしょう。とはいえ、ここまでの説明でおわかりになったでしょうが、それほど難しいことではありません。

一人ひとりが朝の1時間を有効活用することを習慣づければ、全体の生産性を改善することは十分可能です。

私自身も、朝は社員たちが出社してくる始業ピーク（私がたちの会社はスーパーフレックスタイム制を取り入れており、固定の始業時間はありません）のちょうど1時間前に出社することを習慣としています。朝は、頭もスッキリしていますし、他の社員もまだ出社していないため、集中できるんですね。

この時間を利用して、ここまでに説明したように、その日の仕事の段どりをつけ、社員に任せる案件をリストアップし、残りは自分だけでできる仕事に取り組みます。一時期は、この時間を利用して英語の勉強に取り組んでいたこともありました。突発的な用事が入りにくい朝は、継続的な勉強を習慣づけるにも適しています。

始業後は、社員からの相談、打ち合わせ、来客などがありますし、突発的な事態に対応しなければならないことも多いので、朝の1時間は本当に貴重です。

また、当社には毎朝4時半起きという強者もいます。彼は、たっぷりある朝の時間を利用して、その日の予定を立てるだけでなく、ブログの執筆や経営者の勉強会への参加など、精力的に活動。膨大な量の仕事を担当していますが、1日のスタートに余裕があるので、仕事に追われることなく、成果を出し続けています。

やり方は人それぞれでいいでしょう。今はパソコン一つあればどこでも仕事ができますから、朝の1時間を自宅で活用してもいいですね。いずれにしても、1日を早くスタートすることは、仕事の段どりをつけるだけでなく、始業時刻までに自分をベストコンディションに持っていくためにも役立ちます。

「仕事を続けられる人」を目指すなら、朝の有効活用にぜひ取り組んでください。

29 仕事を続けられる人は、朝の1時間で1日の仕事の準備をする！

30 仕事を続けられる人は残業せず、失う人は残業する。

仕事に締め切りはつきものです。

「この日、この時刻までに終わらせなければならない」というリミットがあるから、そこへ向けて段どりをつけ、集中することができるのです。

その一方で、「もう少し時間があればいいものにできるんですが……」という言い訳もよく耳にします。しかし、実は時間が余分に与えられていたところで、多くの場合、それほど大きく質が変わるわけではありません。

若干質が上がったとしても、仕事には常に次の工程があり、多くの人の予定が組まれているわけですから、締め切りまでに仕上げることのほうがはるかに大切なのです。

この考え方は、いかに残業しないで仕事を終わらせるかということにも応用することができます。多くの人は、「この仕事は良いものに仕上げたいから今日は残業しよう」というふうに考えがちです。

しかし、このように考えている時点で、その人の時間当たりのパフォーマンスは低下しているのです。「あと5時間もある」というときの集中力と、「あと1時間しかない」というときの集中力が違うことは、誰でも実感したことがあるはずです。これは目標が近づくと高まる「接近モチベーション」が働くからです。

結局、**残業してもしなくても、仕事の質は自分が考えているほど大きく変わるわけではありません。**だったら、定時を目標に仕事を仕上げたほうが、時間当たりの生産性を高めるためにも有効なのです。

「仕事を失う人」は、この時間と集中力の関係を理解していないので、時間をかけて、残業して仕事を仕上げようとします。

単純化して計算式に表すとこのようになります。

6（集中力）×10（時間）＝60（仕事の仕上がり）

一方で、「仕事を続けられる人」は、「残業はしない」と最初から決めてしまいます。そして**限られた時間内で、最大限のクオリティを追求するのです。**

こちらは、時間単位の集中力が上がるので、このような計算式になります。

10（集中力）×7（時間）＝70（仕事の仕上がり）

私の実感値はまさに右の二つの式のようなイメージです。締め切りを設定し、短い時間に集中して取り組んだ仕事のほうが、時間をかけていなくても、むしろ質は高くなるように思います。大切なのは時間をかけることではなく、集中することなのです。

1日の仕事に自分で締め切りを設ける（＝残業しない）ことは、自分の集中力を上手にコントロールするのに有効です。「仕事を続けられる人」は、この本質をよくわかっています。

日々残業を繰り返すことのデメリットは、仕事中の集中力を低下させることだけではありません。**帰宅時間が遅くなり、精神的・肉体的な疲労も溜まりますから、生活のリズム**

が常に乱れている状態が続きます。これでは仕事に取り組むためのコンディションをキープすることができません。

また、常に夜遅くまで仕事をしていると、会社の外に出て人と会う機会がそれだけ少なくなります。新しい情報を得たり、視野を広げたり、今後につながる人脈を得たりする機会が、知らず知らずのうちに損なわれているのです。

結果として、「仕事を続けられる人」と「仕事を失う人」では、その日の仕事の仕上がりに微妙な差が出るだけでなく、長期的な仕事の成果や自分自身の成長にも大きな差が生まれてしまうのです。

幸いなことに、今は多くの会社で、残業削減に真剣に取り組んでいます。今や残業したことで評価が上がるわけではありませんし、上司に気を遣って残業する必要もなくなってきています。

このフォローウインドに乗って、集中する働き方をはじめてみてはどうでしょうか。

30 仕事を続けられる人は、限られた時間に集中して質のいい仕事をする！

31

仕事を続けられる人は常に80%の力で仕事をし、失う人は常に100%の力で仕事をする。

予定をビッシリと詰め込み、常に100%の状態で仕事をしている人は、一見デキる人のように思われがちですが、実は典型的な「仕事を失う人」です。

なぜでしょうか。

仕事をしていれば、突発的なアクシデントやトラブルは避けられません。顧客からのクレームに急遽対応しなければならないこともありますし、交通機関に遅れが出るかもしれませんし、同僚が体調を崩してサポートに回らなければならないこともあるでしょう。

100%で仕事をしている人は、このようなときに臨機応変に対応できる余力がありません。

余力がないと、どうしても対応しなければならないトラブルが起きた場合、元の予定をキャンセルしなければなりません。トラブルがない場合も、急な頼まれごとはことごとく断らなければならなくなります。

予定通りにも行動できない、ピンチにも頼りにならないということになれば、必然的に評価は下がっていくことになります。

起こりうることを想定せずにスケジュールを埋めてしまっているのですから、とても「仕事を続けられる人」とは言えないのです。

では、「仕事を続けられる人」はどうしているのかというと、**予定は80％ほど埋めて、残り20％は予定のない時間をあえて作っておくのです。**常に余力があるので、突発的な事態にも、急な頼まれごとにも、慌てることなく対応できます。

仕事を依頼する立場になることもあると思いますが、その際は多忙で各方面から引っ張りだこの人に頼んだほうが、実は納期以内に高品質なアウトプットが出てくるものです。時間がありそうな人、もっと言えば暇を持て余していそうな人に頼んだにもかかわらず、納期に遅れ、品質も今一つということが往々にしてあるものです。これも、前者が「仕事を続けられる人」で、後者が「仕事を失う人」だからです。仕事の鉄則は、忙しい人にこそ頼むことです。

この「仕事を続けられる人」と「仕事を失ってしまう人」との間には、時間的な部分だけでなく、それに伴う精神的余裕にも大きな違いが生まれます。

100%で動いている人は、いつも自分で組んだ予定に追われていますから、心に余裕がないのです。予定通りに仕事を処理することに必死でピリピリしているので、周囲は話しかけづらいですし、予定通りに仕事が進まなければ一人でパニックに陥ってしまいます。

80%の人は、その点、常に余裕を持って仕事に取り組むことができます。雑談する時間もありますから、周囲との関係も良好に保つことができるのです。

この精神的余裕は、仕事の質を高めるためには非常に重要です。

例えば、大事なプレゼンのときに、直前まで他の予定を入れている「仕事を失ってしまう人」は、心の準備が不十分なまま、本番に取り組むことになります。大一番の前には、心を落ち着かせる時間が必要なのに、それを理解できていないため、自分の心理状態を適切にコントロールできないのです。当然そのようなプレゼンはうまくいきません。

さらに、アウトプットとインプットのバランスという点でも、両者には差が生まれます。**20％の余力を残している人は、仕事に必要な学びや情報収集など、インプットにも一定の時間を割くことができます。**仕事の予定はアウトプット中心に組まれることが多いですが、時間に余裕があれば、いつか仕事に役立ちそうな資料に目を通したり、特に用はなくても他部署に顔を出して情報交換したりといったことにも使えるのです。3Mやグーグルなどがイノベーションを起こせたのも、20％ルールが寄与したからと言われています。

20％の余裕は、このようにいろいろな意味で大切です。1日の予定を組む際には、必ず意識してください。

31

仕事を続けられる人は、臨機応変な対応をとれるように余裕を持ったスケジュールで動く！

32 仕事を続けられる人は個人作業の時間を予約し、失う人はアポ・会議のみ予約する。

予定表には、打ち合わせや会議、顧客への訪問など、人と会う予定のみを記入するという人が少なくありません。

「企画書や資料の作成などの自分一人でやる仕事は、空いている時間にいつやってもいいから、特に記入する必要はない」というのが、この人たちの考え方です。

しかし、これが、実は「仕事を失う人」の習慣なのです。

「仕事を続けられる人」は、個人作業も予定表に書き込みます。この日、この時間は、この企画書作成に充てる、と自分の時間を予約しておくのです。

企画書や資料は、それを使用する打ち合わせや会議の予定を見て、「それまでに間に合うようにすればいい」と、アバウトに考えがちです。つまり、個人作業に明確な締め切りがありません。これが危険なのです。

締め切りがなく、段どりもつけていないから、忙しいとついつい後回しになりがち。その結果、前日や当日に慌てて作業することにもなりかねません。だから、「仕事を失う人」は、バタバタと仕事に追われてしまうのですね。

「仕事を続けられる人」は、アポ・会議の日時から逆算して、個人作業にも締め切りを設け、そこまでに終わらせるにはいつやるのがいいのかを考えて、予定表に記入します。そして、この自分との約束をしっかりと守るのです。

これを実践すると、段どりよく仕事を片づけられるのはもちろん、一つ一つの個人作業に対する集中力も確実に高まるので、効率がアップします。

例えば、本来は金曜日までに終わらせればいい仕事に関しても、自分の中で「水曜日の15～17時の2時間」と作業に充てる日時を決めて、確実に実行することで、ダラダラと作業時間が延びてしまうリスクを回避できるのです。

また、個人作業も予定表に書いておくと、自分がどれだけの仕事量を抱えているかを常に正確に把握できます。これなら、キャパシティを超えそうなときも早めに手を打てます。

余裕があるときも、「なんとなく」ではなく、時間単位で自分の余裕度合いがわかります。
ですから、新たに仕事を引き受ける際、いつまでにできるかを正確に答えられるのです。

このように個人作業も予定表に記入することはいろいろなメリットがあるのですが、同時に意識して欲しいのが、**「一度書き込んだら、その日までその案件については一切考えない」**ということです。

というのも、やらなければいけない個人作業を複数抱えていると、つい、「あの企画書はどうまとめようか……」「こっちの資料は見せ方を工夫しないと、また課長に何か言われるかもな……」と、ふとしたタイミングでそれぞれの案件に気を取られることになるからです。

この時間が実はムダなんですね。

ふと思いついて断片的にあれこれ考えたところで、その案件が進むわけではありませんし、実際に作業に取り掛かるときには、また一から考えることになるわけですから。

そして、他の案件に気を取られることで、目の前の仕事への集中力が削がれることになりますから、いいことはないのです。

人の頭は、同時に多数のことをクオリティを落とさずに処理できるほど器用にはできていません。ですから、常に目の前の一つの仕事に集中できるように、頭をスッキリさせておくことが、実は非常に大切なんですね。

「仕事を失う人」はこれを意識できていないから、常に頭の中がゴチャゴチャしている状態。そのために処理能力も処理スピードも落ちてしまうわけです。

個人作業も予定表に記入し予約する。この「仕事を続けられる人」の習慣は、すぐにでも実践できます。これだけで日々の仕事の効率が目に見えて変わるはずですよ。

32

仕事を続けられる人は、すべての作業の予定を見える化する！

33
仕事を続けられる人はすき間時間にやる仕事を予め決め、失う人はすき間時間ができてから考える。

例えば、会議が予定より10分早く終わったり、顧客を訪問する際に電車の乗り継ぎがスムーズにいって10分早く到着したりと、1日の中では、多くのすき間時間が生まれます。このすき間時間をいかに有効活用するかというのは、意外と大事なポイントです。

最近は、仕事の効率化が盛んに叫ばれています。

また、スマートフォンやタブレットが普及し、会社もモバイルワークのためのインフラ整備を進めているので、外出中のちょっとした時間にできる仕事が増えてきました。

そのため、すき間時間に何かできることを進めておこうと意識するようになったビジネスパーソンも多いのではないでしょうか。

しかし、そのやり方で「仕事を続けられる人」と「仕事を失う人」の差が出てしまうのです。

「仕事を失う人」は、すき間時間ができてから、何をやろうかと考えます。

すると、頭の中はこんな具合です。

「10分時間ができた。作成中の企画書の見直しをしておくか。でも、そこまでの時間はなさそうだ。じゃあ、あの資料に目を通しておこうか……。いや、それよりもあっちの提案書のほうが優先度は高いから……」

あれこれ考えているうちに、もう数分経っています。これではとてもすき間時間を有効活用できているとは言えません。

「仕事を続けられる人」は、どこかですき間時間ができることを予め想定しています。

そして、10分間あれば処理できる仕事をＴｏＤｏリストにまとめておくのです。

必要な書類なども準備ができていますから、突然すき間時間ができたら、すぐにリストの優先順位の高い順に手をつけることができます。これなら、非常にスマートにすき間時間を活用できるというわけです。

時間が限られていますから、じっくりと考えるような仕事は不向きです。また、直後に次の予定が入っていますから、話が長引く可能性がある電話連絡なども避けたほうがいいでしょう。

10分程度でサクッと完結する仕事をリストアップしておくことがポイントです。

私の場合は、社員から提出された企画書や提案書のチェックなどに充てることが多いです。その他、仕事に役立ちそうな雑誌やウェブサイトの記事に目を通しておく、スキルアップのための勉強中ならテキストを数ページ読むなど、できることはいろいろあります。

10分でできる細かな仕事というと、普段はそのために使う時間をあまり意識することはありません。しかし、ＴｏＤｏリストに整理してみるとよくわかりますが、トータルで考えると、意外と時間を要しているのです。

10分のすき間時間が1日に6回できたとしましょう。この場合、すき間時間をすべてムダに過ごしていると、1時間損をしていることになってしまいます。

また、準備不足の人が、10分のうち2～3分を毎回ムダにするだけでも、トータルでは数十分のロスです。

細かな仕事を溜め込んでしまう人は、そのせいで、知らず知らずのうちにオフィスでの仕事時間が圧迫されているのです。その結果、常に「仕事に追われている」状態になってしまいます。

すき間時間で細かな仕事をどんどん処理していけば、それだけオフィスで仕事に取り掛かる際に余裕ができます。これが大きいんですね。

「仕事に追われる」のではなく、「仕事を追いかける」状態を常に作っていく。これが「仕事を続けられる人」の基本的な考え方です。

しっかり準備をして、すき間時間をムダなく活用することも、そのための戦略の一つというわけです。

33 仕事を続けられる人は、すき間時間もムダにしない！

34 仕事を続けられる人は集中力は続かないと考え、失う人は集中力が続くと考える。

人の集中力というのは、それほど持続するものではありません。科学的な研究によれば、集中力の持続時間は45分、30分、15分など諸説があり、年齢によっても変わってくるようですが、私自身の実感としても、2時間、3時間集中し続けるというのは難しいと思っています。

例えば、コンサルティング提案や研修プログラムや講演の内容を考える際にも、受け手の人たちの集中が途切れないよう、休憩やメリハリを意識します。一日研修であれば、40〜50分を一つのブロックとして、10分程度のクールダウンを挟みます。1時間半の講演であれば、一つのネタを5分でまとめ、全体がストーリーになるようにしています。10分、15分と一つの話が長くなると、聞いている人は飽きてしまうからです。

さて、あなたは自分の集中力がどれだけ持続するのか、限界を把握しているでしょうか？

「仕事を失う人」は、実はそこをよくわかっていないんですね。

「仕事を失う人」が1日のスケジュールを考えるとき、なぜかその人の集中力は限界知らずということになっています。要するに、**1日8時間、フルスロットルで集中し続けることを前提として、ありえないほどの仕事量を詰め込んでしまうのです。**

中でも、企画系の仕事は、単純作業と比べて所要時間が読みづらい面があります。

集中しているときにポンとアイデアが浮かべば30分でできてしまうこともありますし、2時間、3時間かけても、納得のいくアイデアが出てこないこともあります。

ですから、最大に集中力を発揮して、スピーディに企画書をまとめたときの自分のパフォーマンスを基準に1日の予定を組み立てると、大変なことになります。

当然ながら集中力には波がありますし、疲れてくれば落ちてきます。「仕事を失う人」はそれを計算に入れていないということです。

結果として、予定通りに仕事は進まず、改めて予定を立て直したり、残業したりということになってしまうのです。

それに対して、**「仕事を続けられる人」は、集中力を上手にマネジメントすることができます。**自分がどのくらい集中力を持続できるか、どのようにすれば集中している状態に持っていけるかなどを客観的に理解し、それに基づいて1日のスケジュールを組んだり、集中とクールダウンのバランスをとったりできるのです。

この人たちは、集中力を要する企画書作成などの仕事は、1日に多くて2本くらいにしておきます。それ以上になると集中力が持たず、無理して頑張っても後半はパフォーマンスが落ちてしまうことがわかっているからです。

また、1時間とか1時間半を企画書や提案書の作成に充てたら、その次の30分はリスト作成や伝票作成など、あまり頭を使わなくて済む作業に充てて、いったん頭をクールダウンさせます。その後、また頭を使う仕事に取り掛かることでメリハリをつけ、集中力の波を上手にコントロールするのです。

そして、**それぞれの作業中もあまり根を詰めすぎず、40分程度集中したら数分休憩する**

といったリズムを大切にします。

さらに、集中状態に持っていくための自分なりのルーティンを実践する人もいます。

このように、集中するためにはいろいろな工夫が必要なのです。

高名な心理学者M・チクセントミハイは、人が極限まで集中し、パフォーマンスを最大限に発揮する『フロー状態』について論じていますが、フロー状態にもっていくためには、リラックスやルーティンが重要であることを指摘しています。

集中しているつもりだったのに、いつの間にかダラダラモードになってしまう方は、まずは自分の集中力やその限界について、客観的に把握するところからはじめてみてはいかがでしょう。

そのうえで、常に一定ではない「心・頭・体の状態」を意識して、最高に集中した状態にもっていくための行動パターンや仕事のリズムを研究してみましょう。

34 仕事を続けられる人は、自分の集中力が落ちることを計算したうえでスケジュールを組む！

第5章

自己研鑽 編

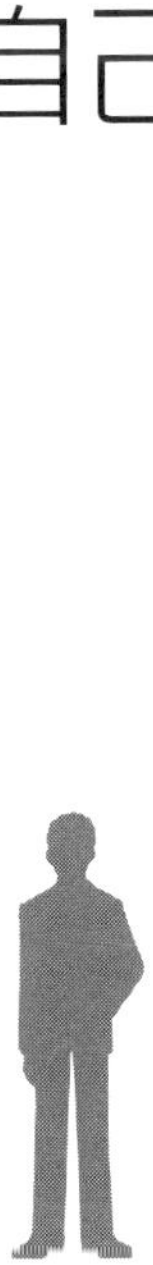

35 仕事を続けられる人は今学ぶことに価値を見出し、失う人は学歴に価値をおく。

まだまだ学歴にこだわる人が少なくありません。

しかし日本の社会で学歴によってわかるのは、あくまでその人の17歳、18歳時点での学力です。ビジネスパーソンのポテンシャルを示す一つの指標にはなるかもしれませんが、キャリアを重ねれば重ねるほど、学歴の意味は小さくなっていきます。

今は「人生100年」時代。誰もが働き続け、学び続ける時代になっています。70歳を超えても働き続けるとしたら、職業人としての人生は50年以上あります。しかも、その間に時代も社会も大きく変化していますから、**大学時代に何を学んだかということ以上に、働きながら何を学んできたか、今何を学んでいるかということのほうがずっと重要になっているのです。**

日本では、まだまだ社会人が働きながら大学院などで学ぶことは一般的とは言えません。

しかし、これからの社会では、もっと社会人学生が増えていくだろうと思います。また、そうなっていくべきなのです。

私は、リクルート在籍時代に社会人の学びを支援する雑誌の編集長を務めていました。その当時、夜間のＭＢＡなどに通う社会人学生にも数多く話を聞いてきました。彼らが口を揃えて言うのは、「今思えば、大学時代の勉強は与えられた知識を詰め込んでいただけだった。社会人になり多くの経験を積んだ今は、自分なりの問題意識を持って勉強に取り組んでいるので、吸収できるものははるかに大きい」ということです。

私自身も、30歳の頃に大学院に通った経験がありますし、今も自分自身のスキルアップのために、仕事の合間をぬってセミナーなどにも通っていますが、彼らと同じように感じています。

実際に、ビジネスの現場で経験を重ねると、自分の知識不足を痛感したり、経験だけでは解決できない課題に直面したりすることが頻繁にあります。このような問題意識を持って大学院などに通うと、現実のビジネスに直結する生きた学びを体験できるのです。

「学ぶとはこういうことだったのか！」という新鮮な気づきがそこにはあります。これは社会人経験のない学生時代には、なかなか感じることができないものです。

このようにして、**社会人になってから「生きた学び」を体験した人は、学んだことを現場の問題解決に活かし、その過程で生まれた問題意識を持ってさらに新しいことを学ぶという「学び続けるサイクル」に入っていきます。**

このような人たちこそ、これからの時代の「仕事を続けられる人」です。彼らは、年齢・キャリアに関係なく、新しいテーマを発見し、学び、成長し続けていきます。

一方で、「仕事を失う人」は古い学歴重視の考え方でしか、学び続けることの意味を知解することができません。

「MBAを取得すると給料が上がるんですか？」
「MBAを取ると転職できますか？」

こんな質問を受けたことも多々あります。この人たちは、MBAの肩書にしか目が行っていないのですね。

実際、欧米と比べると、日本の会社ではMBAなどの学位があまり評価には直結しない傾向がありますが、「仕事を続けられる人」は、そもそもそこにはあまりこだわっていません。彼らは資格ホルダーであることより、学ぶこと自体に価値を感じているのです。

大切なのは「学び続けること」なのに、**「仕事を失う人」ほど、過去の学歴で自分をアピールしたり、他人を品定めしたり、あるいはコンプレックスを感じ続けたりするものです。**

なお、学歴にこだわることに意味はありませんが、現実問題として、高学歴の人がビジネスの世界では数多く活躍しています。「やっぱり学歴じゃないか」と思う人もいるかもしれませんが、違います。

若い頃に難関大学に合格した人たちは、それだけ「学ぶ習慣」をしっかりと身につけていることが多いのです。また学び続ける習慣を持つ人と同窓になることで、一層刺激し合ってさらに学び続けるという好循環をもたらしているからです。彼らもまた、過去の学歴ではなく、「学び続けること」で「仕事を続けられる人」になっているのです。

35

仕事を続けられる人は、課題を持って学び仕事に還元する！

36 仕事を続けられる人は週に1冊以上本を読み、失う人はあまり本を読まない。

ビジネスの成果（＝アウトプット）を上げるには、インプットが欠かせません。インプットの手段は、人から生の情報を得る、セミナーや講演を聴く、本を読むなどいろいろあり、どれも大切です。それぞれ得られる情報の質や量が違うので、まんべんなくさまざまなチャネルからインプットするべきです。

しかし、ビジネスパーソンのうちごく一部の人は多読していますが、大多数はあまり本を読まないんですね。私たちの会社はこれまで350社以上で「人が育つ現場」づくりを支援し、管理職研修も多数実施してきましたが、部下を指導する立場の管理職層に聞いても、読まない人はほとんど読まないのが現実です。

その理由の一つには、「本なんか読んだところで、実際のビジネスでは何の役にも立たない」という意識があるのでしょう。

また多忙な業務をこなすことに翻弄されて、本を読む時間がないという人も多い。事実、本を1冊読んだところで、翌日から抜群の企画書が書けたり、商品が飛ぶように売れたりするわけではありません。

「必要なことは日々の仕事を通して学んでいる。現場こそ最高の教科書だ」という意見もあるでしょう。もちろん、現場から学ぶことの大切さを否定するつもりはありません。実際に、多くのビジネスパーソンは現場での経験を通して成長していくものですから。

しかし、**今のように社会環境や経営環境が激変し、多くの社会課題が持ち上がっている時代には、会社や上司が常に指針を示してくれるわけでも、仕事の正解を教えてくれるわけでもありません。**経験したことのない事態に遭遇することも多々あります。

そのようなときには、一人ひとりのビジネスパーソンが、自分の頭で考え、分析し、判断することが求められます。

そこで必要となるのが、本から得られる幅広い教養なのです。

教養とは、決して即効性のあるものではありません。長年にわたって、さまざまな理論や知識に触れる中で蓄積され、徐々に自分の思考の土台を形成していくものです。教養のない人は、要はこの土台がないということですから、自分の経験した狭い範囲から答えを探ることしかできません。そのような人は、変化の時代に直面するさまざまな課題に対応できない。つまり「仕事を失う人」なのです。

例えば、今どきの若手社員の気持ちがわからず、コミュニケーションに苦労している上司がいたとしましょう。

自分が経験した範囲のやり方で若手にアプローチしてもさっぱりうまくいかない、経験だけでは対処できない課題であることに気づきました。そこで若手とのコミュニケーションを学ぼうと研修に参加して、「若手に響くのはこんなフレーズです」とノウハウを教わりましたが、そんな表層的なやり方は現実には通用しません。こうなると、この上司は「どうしたらいいいんだ！」と途方に暮れるばかりです。

このケースで、若手の気持ちが自分たち世代と大きく変わっていることを本質的に理解しようとすると、教養の土台が必要となります。

社会学、心理学、歴史、コミュニケーション論などの多様な教養があれば、何が起きているのか、なぜ経験に基づく自分のやり方がうまくいかないのかを考える糸口になります。

誰かが答えを与えてくれるわけでない課題に対しては、遠回りでもこのようにアプローチするしかないのです。


1冊の本には、さまざまな専門家や研究者や経営者などが長年にわたって考え、掘り下げてきた内容が凝縮されています。得られる知識の深さも量も相当なもの。それが、短い時間にたった数百円から数千円という安価に手に入るのですから、読まない理由はないはずなのです。

「そうはいっても忙しくて……」という声が聞こえてきそうですが、「仕事を続けられる人」はしっかり実践しています。

私は週に3~5冊、年間にすると200冊以上は本を読んでいますが、移動時間や就寝前の1時間など日常的に本を読むことを習慣づければ、決して難しいことではありません。

36

仕事を続けられる人は、教養をつけることでさまざまな課題に対応できるようにする！

37 仕事を続けられる人は本を消費し、失う人は本を大切に保存する。

インプットのために本を読むことは大切ですが、ただ読めばいいというわけではありません。「仕事を続けられる人」は、本を徹底的に消費します。

どういうことかというと、気になったページは折り曲げ、線を引き、メモを書き込み、大事なページは切り取って手帳に貼ったりして、とことん使い倒すのです。

また、本を読むという行為ではなく、知識を吸収することが目的ですから、全部は読まず、最初に目次をざっとチェックして、必要なところだけを拾い読みすることも有効です。

買ったからといって、最初から最後まですべて熟読しなくてもいいのです。最初の数十ページを読んで、著者の言いたいことがわかればそれで終えていいし、気になる章だけ読んでも構いません。本は消耗品ですから、あとから復習もできるよう、どんどん書き込みをしたり折り目を入れたりしましょう。

それに対して、「仕事を失う人」ほど、本をやたらと丁寧に扱います。知識が頭に入ろうが入るまいが、淡々と丁寧に読み進め、とにかく読了することに満足感を覚えます。そして、本棚に並んだ背表紙が、自分の教養を裏づけるかのように勘違いしてしまうのです。

もちろん、「仕事を失う人」の読み方でも、読まないよりは意味はありますが、本の内容の本質的な理解や、知識の吸収という点では、「仕事を続けられる人」の読み方には数段劣ります。

誰でも思い当たる節があると思いますが、本を頭から順にただ読むだけでは、その内容の大半は忘れてしまいます。だからこそ、「仕事を続けられる人」は、大事だと思ったポイントは、いろいろな手を使って頭に叩き込むのです。

そして、ここからがさらに重要なのですが、**「仕事を続けられる人」はその本に書かれた理論や見解について徹底して考えます。**自分はその意見に賛成なのか、反対なのかを明確にし、その理由も掘り下げて考えます。

また、その**本に書かれている理論や方法を、自分自身の日々の実践にどう活かすことが**

できるのか、そのままは使えないとしたらどのようにチューニングすれば応用できるのか、などを考え抜きます。

そのうえで、考えた内容を読書メモや感想文などにまとめることで、言語化します。

ここまでやってはじめて、その本の内容が自分のものになるのです。

私は自分の会社の社員に、週に1冊以上は本を読み、定例のミーティングで感想をシェアするように求めています。また、正規課程で教鞭を執る青山学院大学でも、学生に課題図書を読ませ、感想レポートを提出させています。

本の主張やメッセージについて徹底して考えることで、そこに書かれた理論や知識を吸収する方法を学んで欲しいからやっています。しかし、残念なことに、感想文ではなく、単なる要約が返ってくることも少なくありません。

自分なりの視点を持って読んでいないから、ざっと内容は理解できていても、「考える」ことができていないんですね。これでは、読んだ知識を血肉化することはできません。知ってはいても、使えない知識・理論になってしまいます。

本に書いてあることは、正解とは限りません。そこに書かれていることは、あくまで数ある意見のうちの一つにすぎないのです。なので、教え子たちには口酸っぱく「要約しただけでは評価しません。著者に反論したり賛同した部分と感想、その理由を自分の経験則から述べなさい」と指導しています。

「仕事を続けられる人」は、本に正解を求めません。自分なりに問題意識があり、批判的な視点があるから、そこで論じられているのがどんな意見であれ、考える材料にしてしまいます。

仮に、まったく賛成できない意見だったとしても、頭の中で反対する理由を論じることは、思考のトレーニングとして非常に有効だと考えているのです。

だから、この人たちの読書傾向は雑食です。自分が好きな特定の著者の本ばかり読むのではなく、さまざまな意見に触れることを好みます。

このような読書を繰り返すことによって、自分の知識の幅を広げ、思考する力を鍛えているのです。

37 仕事を続けられる人は、本で論じられていることについて考察する！

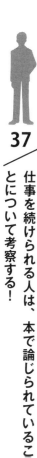

38

仕事を続けられる人は研修・セミナーを作戦会議ととらえ、失う人は研修・セミナーに出て満足する。

スキルアップのために研修やセミナー、講演会に参加するビジネスパーソンは少なくありません。ありがたいことに、会社が業務時間内に研修を開講してくれることも多いでしょう。経営幹部であれ、管理職であれ、中堅・若手社員であれ、日常業務を離れて学ぶことには大きな意味があります。

しかし、そこから何を得られるかは、当然のことながら本人次第。どのような意識で参加するかによって、ただ参加しただけに終わる場合もあれば、大きな成果を職場に持ち帰ることもできます。

「仕事を失う人」は、研修・セミナーに参加することが目的になってしまっています。

「いやー、今日はすばらしい研修でした。参加してよかったです！」と満足はするのですが、それで終わり。

この人たちは、学んだことや得た知識を職場でのアクションにつなげようとはしません。研修・セミナーが「本番」だと錯覚しているのです。

また、部下や後輩に対して「日常業務を離れて学ぶこと」の重要性は語るのですが、そう言っている自分自身は、まったく学ぼうとはしない人もいます。笑い話のようですが、実際にそんな上司も少なくありません。

この場合は、部下が社外の研修やセミナー、講演会に参加すれば、それで満足。何か参加したことの成果を求めることはないのです。

しかし、これでは研修やセミナー、講演会に参加する意味などまったくありません。言うまでもないことですが、研修・セミナーの参加者にとって、本番は職場での課題を解決することです。学んだことを現場に持ち帰り、実践することで、はじめて参加した意味が生まれます。

「仕事を続けられる人」は、日常業務を離れて学ぶことの意味をよく理解しています。

この人たちにとっては、研修・セミナーは、職場での課題解決（＝本番）に臨むにあたっての「作戦会議」なのです。

作戦会議ですから、「仕事を続けられる人」には、**参加する時点で明確な問題意識があります。**

「メンバーの向いている方向がバラバラ。リーダーとして、目的で一つになるチーム作りに取り組んでいるが、笛吹けど踊らずの状態が続いている。自分の考え方・やり方のどこが間違っていて、どのようなアプローチをとるべきなのかを知りたい」

「育休から復帰した女性社員のモチベーションマネジメントに悩んでいる。職場での負荷をできるだけ軽減するよう配慮しているが、目に見えて彼女たちの仕事への意欲が低下している。上司としてどのようなコミュニケーションが求められているのだろうか」

例えば、このような課題が前提にありますから、**研修・セミナーでは、すべての手法や理論について、自分の職場ではどう使えばいいか、一つ一つ当てはめながら理解します。**

そして、自社の制度や自分のマネジメントのどこに問題や原因があったのかを、ワークなどを通して分析。**本当の原因を明らかにしたうえで、解決するためには、どのような自己改革が求められるのか、具体的にどのような手法を実践すればいいのかを掘り下げて考えます。**

さらに、学んだことを職場で実践する際に想定される障壁をどう乗り越えたらいいかなど、気になる点を講師に質問し、事前に想定される疑問は解消したうえで、作戦を練りあげていくのです。

この「作戦」は翌日から職場で実行します。もちろんすべてが、すぐにうまくいくわけではありません。しかし、研修・セミナーで問題の本質を理解し、手法の理論的裏づけなども学んでいますから、ブレることなくやり通すことができます。

このようにして、「仕事を続けられる人」は、「仕事を失う人」と同じような研修・セミナーに参加しても、比べものにならないほど大きな成果を得ることができるのです。

38 仕事を続けられる人は、学んだことを実行に移す！

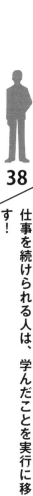

39

仕事を続けられる人は少人数の出会いを求め、失う人は大人数の出会いを求める。

社内だけの人間関係に閉塞感を覚え、社外の人脈を広げたいと考えているビジネスパーソンは少なくありません。

そのとき、あなたならどのような場に出会いを求めるでしょうか。

「どうせなら規模の大きい異業種交流会・同業種交流会に参加して、多くの人と人脈を築きたい」と考えるなら、あなたは「仕事を失う人」です。

というのも、数十人、１００人規模の交流会というのは、多くの人と会うことはできても、名刺交換をして、挨拶をして、軽く自己紹介をする程度で終わってしまうことが多いからです。なかには、たくさんの名刺をもらって、それだけで人脈が増えたように錯覚してしまう人もいますが、**顔も思い出せなければ、その人のパーソナリティや強みも思い浮かばない名刺だけのつながりは、ほぼ発展することはありません。**

考えてもみてください。あなた自身、名刺交換しただけの相手に自分の時間を割いてまで情報提供をしたいと思うでしょうか？　自分に何のメリットがあるのかもわからないのに、力を貸そうという気など起きないはずです。

人と人との関係というのは、ビジネスの場であろうが、プライベートだろうが、シンプルに考えるべきです。お互いを深く理解し、共感することによって、はじめて実質を伴うつながりが生まれるのです。

残念ながら、大人数の交流会ではそのチャンスはなかなかありません。

そのように考えると、社外での出会いはもっと違う形で求めるべきなのです。

一代で上場企業を作ったある経営者は「新たに人とつながりを持とうとしたら、サシで食事をする」と語っていましたが、大切なのはまさにこの考え方。これが「仕事を続けられる人」の人脈の作り方です。

いきなり数を求めるのではなく、お互いをよく理解し合うことができる、よりパーソナルな出会いの場を大切にするべきなのです。

一般のビジネスパーソンが会ったことのない人といきなり食事の機会を設けるのはそう簡単ではないでしょうが、誰でもパーソナルな出会いが得られる場はいくつかあります。

私たちの会社では、「働きがいを育む講師養成講座」という、通年でのセッション型の講座を開催していますが、参加者は多くても10人までとしています。

参加者が深い対話を重ねながら学ぶプログラムなので、お互いの考え方やパーソナリティを理解でき、ときには深い共感も得られます。すると、毎回開催する懇親会も盛り上がり、その場限りではない関係がいくつも生まれるのです。

このような、**議論や対話、グループワークなどを取り入れた、ある程度継続的な学びの場は、一般のビジネスパーソンが新たなつながりを育む絶好の機会です。**

社会人対象のＭＢＡもその代表例ですね。実際、ＭＢＡの社会人学生同士がビジネスパートナーとなったり、在学中や卒業後に一緒に起業したりといった話もよく耳にします。

交流会であれば、少人数で、参加者が10〜15分程度で自分のことをプレゼンテーションできるような催しがいいでしょう。自分を知ってもらうこともできますし、他の参加者の経歴や考え方なども少しはわかりますから、深いつながりを得るきっかけになりえます。

また、視点を少し変えると、**社外の人脈をどんどん広げている「仕事を続けられる人」は、自分が一方的に出会いを求めるだけでなく、人と人との出会いを積極的にコーディネートしていることも多いです。**

例えば、営業マンが顧客と顧客を引き合わせるようなケースですね。小規模な交流会を主催している人なども該当します。ポイントは参加する側ではなく、主催する側であることです。

このようにネットワークの中心にいる人は、感謝もされますし、つながりがつながりを生みますから、新しい出会いの機会も自然と増えていくものなのです。

39 仕事を続けられる人は、お互いをよく理解し合えるような少人数の場を好む!

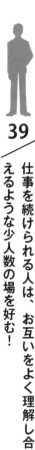

40 仕事を続けられる人は知恵を磨こうとし、失う人は知識を増やそうとする。

「知識」と「知恵」は違います。

「知識」とは、例えば、本に書いてある理論や情報、講演会や人に聞いた話などですね。「知恵」とは、知識を使いこなし、現実の問題解決に応用する力のことです。

知識ももちろん大切ですが、ビジネスパーソンにとって本当に大切なのは、知恵を養うことです。**「知っているだけ」では何もできませんから。**

しかし、「仕事を失う人」は、ひたすら知識をため込むことばかりに力を注いでしまいます。

これには理由があるのです。今のビジネスパーソンは、知識詰込み型の教育で育ってきているので、「学ぶこと＝覚えること」という感覚が沁みついてしまっているのです。だから資格試験対策の勉強などは、得意な人が多いんですね。

昨今では、この知識詰込み型の教育が、日本がイノベーションを起こし成長を促す人材を育てられない原因だとし、学校教育や受験の仕組みも大きく変える動きが活発です。

一方、**知恵はいくら机に齧《かじ》りついて勉強しても身につきません。日々の実践の中で養われていくものです。**「仕事を続けられる人」は、現場で人とのコミュニケーションを通して、知恵を磨くことに力を注ぎます。

象徴的な例を紹介しましょう。

私たちの会社が次世代リーダーを対象に実施ししている「プロフェッショナルマインド研修」の参加者に、ある会社の法務担当者（Aさん・30代）がいました。

この研修は、イノベーションを起こす人材となるための意識改革に取り組み、それをどう現場での行動に結びつけていくかをプランニングし、実践するというプログラムです。

Aさんはこの研修を受けた当時、法務担当者として大きな課題を抱えていました。

法務担当者はその役割上、現場からの起案に対して、法律的な問題があればＮＧを出すことが少なくありません。すると、どうしても現場からは煙たがられる。Ａさん自身も、自分が法律知識を振りかざして現場の邪魔をする門番のようになってしまっていることに働きがいを感じられず、ジレンマを感じていたのです。

そこで、Ａさんはどうしたか。自ら申し出て、現場の会議にオブザーバーとして参加させてもらったのです。

最初は、「なぜ法務がここに……」という目で見られましたが、継続的に会議に参加する中で、いつも自分が書面で受け取っている起案の背景を知ることになります。現場が事業をどのようにしたいと考えているのか、パートナー企業とのＷｉｎ－Ｗｉｎの関係をどう構築しようとしているのか、現場がそのためにどれだけ努力をしているのかなど、今まで見えていなかった部分を徐々に理解していきました。

すると、Ａさんの会議での行動も変わっていきます。起案に至る議論の過程で、法律的な観点から、「ここはこのようにすれば法律的な問題はクリアできます」といったアドバイスを積極的にするようになったのです。

以前は最終起案に対してＮＧを突きつける対立構造だった現場との関係が、ともに起案を作りあげる協働構造に変わっていきました。当然、起案はスムーズに通るようになり、現場からも喜ばれることになったのです。

これは非常にすばらしいエピソードです。

以前は、法律知識の蓄積だけで仕事をしていたAさんは、現場に歩み寄り、コミュニケーションを重ねることによって、法律知識を活用して現場のビジネスに貢献する「知恵」を獲得していったのです。

私が尊敬するある飲食チェーンの創業経営者は、知識を「食材」に、知恵を「調理の技術」にたとえて両者の関係を話してくれました。

質の良い食材を仕入れることは、美味しい料理を作るためには欠かせません。しかし、どんなに良い食材でも、調理する人間の腕がなければ台無しです。より大切なのは、食材（＝知識）を活かす調理の技術（＝知恵）。まさにその通りだと思います。

40 仕事を続けられる人は、コミュニケーションを通して知識を知恵に変えていく！

41

仕事を続けられる人は専門家を頼り、失う人は自分が専門家になろうとする。

会社が抱える課題は、高度化・複雑化が進んでいます。それに伴って、多くの課題が一つの専門性、一人の専門家では解決できなくなってきました。

どういうことかというと、例えばマーケティング分析一つをとっても、そこには経営学のマーケティング理論、データサイエンス、さらに最近では心理学や脳科学など多様な専門性が要求されます。これらを総合して課題解決に取り組むことが求められているのです。もちろん、これはあくまで一例で、その他の分野でも同様のことが起こっています。

さて、そんな時代に求められるのはどんな力でしょうか?

より高度で幅広い専門知識を身につけることが必要だ、と考える人もいるかもしれません。しかし、一人が習得できる専門知識には限界があります。それにＡＩ、ディープラーニングが進化すれば、人間の知識蓄積能力など何の価値もなくなっていきます。

であれば、**自分にない知識や専門性は、その分野の専門家を頼るのが得策。**これができる人脈を持っている人こそ、これからの時代の「仕事を続けられる人」です。

この人たちは、自分自身は突出した専門性を持っているわけではありません。しかし、各分野の専門家をコーディネートするためのインデックスとなる幅広い知識は持っています。**目の前の課題を分析し、その解決にどんな専門性が求められるかを判断することができるのです。**そして、手持ちの人脈を活かして、解決にあたります。

いわば、プロデューサー的な役割です。

現実の課題解決に対して、専門家がフルに力を発揮できるのも、このようなプロデューサーがいてこそ。一人の専門家が高度化・複雑化した課題に向かったとしても、課題の一部にしか対応できないことが多いですが、プロデューサーが各分野の専門家を集めることで、チームとしての課題解決力は格段にアップし、隙がなくなります。

実は私たちの会社も、そのようなプロデューサーとしての役割を一つの軸としています。私たちは、人材育成や組織開発、コミュニケーションエンジニアリングといった領域のコンサルティングや研修を中心に事業活動を展開していますが、これらの領域には、細分化された数多くの流派・理論があります。

もちろん私たちも人材育成のプロフェッショナルとして日々勉強は続けていますが、それぞれの理論を専門的に研究するエキスパートには到底敵いませんし、エキスパートになろうとしているわけでもありません。

一方で私たちの強みは、数多くの会社の現場を知っていること、会社が抱える課題そのものに精通していることです。

ですから、この強みを活かし、課題の性質やクライアントの要望を分析して、必要な部分に関しては、つながりのある専門家に依頼をするという方法をとっているのです。

このような役割は、これからは個人のビジネスパーソンにも求められるようになります。

社内のリソースで解決が難しい課題に直面したときでも、各分野の専門家とのネットワークを社外に持っていれば、適宜意見を聞くことができます。**自分以外・自社以外の専**

門性を動員できる力は、これからの時代、一つの分野の高度な専門性を凌ぐ力となります。

本書では、数多くの本を読んで知識の幅を広げること、そして、パーソナルな出会いをきっかけに頼りにできる人脈を広げることの重要性を論じてきました。これらの積み重ねが、あなたのプロデューサーとしての力を養っていきます。

なお、ここまで説明してきたように、各分野の突出した専門家は今後も求められ続けます。しかし、研究者でもない一般のビジネスパーソンが、一つの分野の専門性だけを伸ばして、自分の強みにしようと考えるのは、「仕事を失う人」のやり方です。

そもそも中途半端な専門性では大した強みになりませんし、自分以外の人たちの知識・能力を活用する「仕事を続けられる人」に比べると、できることに限りがあるからです。

41 仕事を続けられる人は、人脈を活かし問題解決をすることができる！

42

仕事を続けられる人は他業界から学び、失う人は同業界からしか学ばない。

多くの業界でイノベーションの必要性が叫ばれているものの、思うような成果を上げられている会社は、現状、ごく限られています。

その理由一つは、伝統ある会社ほど、どうしても過去の成功体験にとらわれる傾向があるということです。社外に目を向けたとしても、同業他社の動向ばかりを気にします。

しかし、自分の業界のことしか見ないというのは、古い考え方と言わざるをえません。典型的な「仕事を失う人」の考え方です。

例えば、家電メーカーのダイソンが電気自動車の開発に参入してきたように、**第4次産業革命とも言われる現代においては、業界の壁などあってないようなものです。**

また、ＩＴを中心とした技術の急速な進化を考えれば、業界内での歴史が長いことのアドバンテージなど、もはやそれほど大きくはありません。

自分の業界の動きにばかり気を取られていたら、ある日突然、他業界からの新規参入企業に市場を持っていかれることも十分ありえる時代。そんな環境で、業界内競争に固執し続けていること自体がナンセンスです。

そして、このように**業界の内側ばかりに視線が向いていることこそ、イノベーションの阻害要因なのです。**

イノベーションとは、過去のやり方、考え方の延長線上にはありません。従来とは異なる角度の発想から、今までにない商品やサービスを生み出すことです。

ただし、ゼロからイノベーションを起こすのも至難の業。多くの場合は、業界の垣根を越えた発想を取り入れることで、化学反応が起こり、ヒットするアイデアが生まれます。

つまり、イノベーションを起こそうと思ったら、学ぶべき対象は畑違いの他業界なのです。だから、**「仕事を続けられる人」は、業界の枠にとらわれずアンテナを張り巡らして情報収集します。**

頭を切り替え、視野を広げれば、学ぶべきことはいろいろと見えてきます。

例えば、商品やサービスを開発する際に重視するポイントは、業界ごとに大きく異なります。ひたすら技術で勝負する業界にいる人にとって、顧客に豊かな体験を提供する旅行業界やレジャー業界、エンターテインメント業界の考え方は新鮮なはずです。

ビジネスモデルについても、業界を越えて研究するとさまざまな発見があります。低価格競争で疲弊している業界の人たちが、一見儲けになるとは思えないソーシャルビジネスで成功している会社からヒントを得ることがあるかもしれません。

業界が変われば、組織の構造、会議のやり方、メンバーの多様性などがまったく違う場合もあるはずです。

「ウチの会社ではなぜこれができないんだろう?」↓「いや、できない理由はない！やってみよう！」と考えることができれば、イノベーションのための実験のはじまりです。

情報収集の方法もいろいろとあります。

書籍やウェブサイト、業界誌などをチェックするだけでも数多くのヒントに触れられますし、もちろん業界を超えた人脈を広げるのも有効です。他業界で働いている人の思考方法や業界特有の常識などは、実際に人と話してみないとわかりません。

また、日々の生活で目にする商品やサービスのすべてを、好奇心を持って見つめ、気になったら片っ端から体験し分析してみるのもおすすめです。

「似たような商品は他にもあるのに、なぜこれだけ売れるんだろう?」
「つい利用したくなるサービスだ。どうやって発想したんだろう?」
「こんな宣伝の仕方があるのか! 効果はあるんだろうか?」

このように日々考え続けていると、意外なところからイノベーションのヒントが生まれることもあるのです。

42

仕事を続けられる人は、いろんな業界からやり方や技術を学び、取り入れることができる!

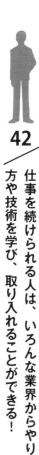

第6章

日々の生活 編

43

仕事を続けられる人は共働きを望み、失う人は専業主婦を望む。

内閣府「男女共同参画白書」によると、２０１６年時点で共働きの世帯は１１２９万世帯に達しています。一方、夫だけが働く専業主婦世帯は６６４万世帯で、共働き世帯の６割弱にすぎません。

その背景には、もちろん、男性の収入が下がっていることが挙げられます。国税庁の民間給与実態統計調査によれば、２０１６年のサラリーマン平均年収は４２２万円。４００万円を下回る層が5割近くを占めていますから、妻も働くことによって家計を支える必要がある家庭は当然ながら増えています。

しかし、共働きの増加は経済的な理由だけによるものではありません。より本質的なパラダイムの変化が同時に起きているのです。

１９９０年代までは、夫が外で働き、妻は家庭で家事や育児に専念するのが当たり前という考え方が大勢を占めていました。

しかし、２０００年以降、私たちの常識も大きく変わりました。性別でお互いの役割を規定することを古いと考える人が多くなり、女性であっても経済的な必要性からだけでなく、働きたいから働くことが一般的になってきています。

このような時代に、既成概念にとらわれて、専業主婦家庭を望む人は「仕事を失う人」です。

この人たちは、専業主婦家庭が当たり前だと考えているから、自分の年収が低い場合、「この額では妻や子どもを養っていけない」と結婚に消極的になってしまいます。しかし、現実には働き続けたい女性も多く、二人で家計を支えれば世帯収入は増えますから、決して結婚できないわけではないのです。

夫婦ともに３００万円台の年収があれば、世帯収入は６００〜７００万円。十分に生活できるはずです。事実、そのようにして幸せな生活を送っている人たちも大勢います。

「仕事を失う人」は、客観的に現実を見ず、自分の中に残り続けている古い常識や考え方でものごとを判断し、自分の選択肢を狭めてしまいます。

一方で、「仕事を続けられる人」は、新しい時代の新しい生き方を受け入れています。ですから、男性の場合、自分の年収にかかわらず共働き家庭を望むのです。夫婦の役割を固定せず、家計を支えること、家事・育児なども、柔軟に役割を分かち合う生活こそ、お互いの人生を豊かにすると考えます。

そのような家庭では、女性は家庭に縛られずに生活することができますし、男性が子育ての楽しさを味わうこともできます。年収だけにとらわれず、自分たちの価値観に基づいて、人生や生活をデザインできているのです。

なお、今のところ高収入を得ている人でも、古い考えにこだわり続ける人は「仕事を失う人」と言えます。時代の変化に価値観が追いついていないので、いろいろなところでほころびが出てしまうのです。

もはやキャリアを重ねれば自動的に給料が増えていく時代ではありませんし、どんな会社であっても、この先の雇用が保証されているわけではありません。40代、50代での転職や、収入ダウンも想定しておかなければなりません。

しかし、「妻は夫が食わせるもの」という考え方に固執している人は、その現実に柔軟に対応できません。妻を働かせることに抵抗を覚えるので、収入の維持にこだわりすぎて、転職するにしても行き詰まってしまいがちです。また、長年、専業主婦をしてきた妻は、働こうとしても選択肢は限られてしまうでしょう。

また、このような専業主婦家庭を志向する男性が、女性が活躍する職場で上司となった場合を想像してみましょう。

この**「仕事を失う人」は、形のうえでは女性を支援しますが、働く女性の気持ちを本質的に理解するのが難しいはずです。**「女性は家庭にいるのが本来の姿。夫の稼ぎが少ないから働いているだけだ」と心の底では考えているのですから。

会社での表面的な顔だけを変えても、時代の変化には対応できません。生き方や価値観を根本から見直すことが、「仕事を続けられる人」になるための必須条件なのです。

43 仕事を続けられる人は、夫婦の役割を固定しない！

44 仕事を続けられる人はミーハーで移り気、失う人は一つの趣味に没頭する。

一般的には、仕事と趣味はまったくの別物と考えている人が多いのではないでしょうか。
しかし、私は、実は根っこのところでこの二つは密接に関係しているように思うのです。

身近な人の趣味への取り組み方を見ていると、仕事への取り組み方と共通している部分が意外とあるのです。趣味が仕事に良い影響を与えているケースもありますから、「仕事を続けられる人」「仕事を失う人」を考えるにあたっては、注目しておきたいテーマです。

趣味の取り組み方には、大きく次の2タイプがあります。

一つは、とにかく好奇心旺盛で多趣味なタイプ。
流行に敏感で、新しいもの好き。今だと、ドローンやVR（バーチャル・リアリティ）

などは、とにかく一度は体験しないと気が済まないタイプです。ミーハーで移り気と言ってもいいかもしれません。

もう一つは、とにかく一つの趣味に没頭するタイプ。

「子どもの頃から釣り一筋20年」「休みがあれば決まってゴルフ」「映画は忙しくても月に最低５本は見る」といった人たちです。もちろんとことん没頭しますから、腕も知識も玄人はだし。ただし、誘われても、他の趣味には積極的につき合いません。

さて、このうちどちらが「仕事を続けられる人」かというと、多趣味でミーハーなタイプです。

好奇心が旺盛でフットワークが軽いことは、新しいことへのチャレンジが求められる今のビジネスの世界には必要な要素。趣味でのスタンスをそのまま仕事に活かしても十分活躍できるはずです。

また、**とにかく話題が豊富ですから、初対面の人とも話が弾みやすい。新しい人脈を広げるのも得意なはずです。**

ドローンやVR、ウェアラブルデバイスなどの先端技術にも趣味で親しんでいる場合は、それがそのままビジネスアイデアに結びつくこともあるでしょう。

これからの時代、ミーハーであることは強みなのです。

以前、私がある集まりに参加した際、複数の会社で幹部を務める方に出会ったのですが、この方が実に多趣味でした。働き方もユニークですが、家庭菜園、スポーツ、ドローンといろいろなものに手を出して楽しんでいるのです。

趣味と仕事のスタンスが一致している幸せな生き方だな、とうらやましく感じたものです。

一方で、一つの趣味に没頭するタイプは、どちらかというと「仕事を失う人」である可能性が高いと言えます。

もちろん、一つのことにとことんハマることが悪いわけではありません。何かを習得するためには、むしろ大切なことです。

ただし、それ一本槍になって、他への関心が薄くなることが問題なのです。

昭和の時代であれば、このように一つの専門性を磨きあげることが武器にもなりましたが、今はどんな専門性もすぐに陳腐化してしまう時代。**特定の専門性に固執するのではなく、関心の幅を広げることが求められます。**

一つの趣味に没頭するタイプの人は、その点で腰が重く、世界を広げようとしない面があり、そこがこれからの時代にはフィットしにくいのです。

とはいえ、没頭タイプの人も、実は食わず嫌いの可能性があります。新しいことに挑戦してみれば、案外楽しいかもしれません。プライベートで挑戦する楽しさを体感することがスイッチを入れる可能性は十分あります。

ミーハー心はそもそも職場で養う類《たぐい》のものではないですしね。趣味の世界で楽しみながらマインドセットを変えてみてはいかがでしょう。

44 仕事を続けられる人は、見聞を広めて仕事のヒントや新しいアイデアを得る！

45 仕事を続けられる人は自宅に人を招き、失う人は自宅に人を呼ばない。

「仕事を続けられる人」は、人と情報が集まってくる仕組みを自ら作っています。

この人たちは、ビジネスにプラスになる人脈、ビジネスのヒントになる情報が集まることを意図してはいるのですが、そこだけをガツガツと求めることはしません。

仕事とプライベートで人とのつき合い方をハッキリと分けることもせず、オープンマインドでサービス精神豊富。だから、自宅によく人を招くのです。

私の知人のある投資家も、頻繁に仕事関係の知り合いを招いてホームパーティーを開きます。

はじめて参加したときは、最初のうち、「なるほど、エリートはこうやって人脈を広げて、情報を集めているのか」と考えていたのですが、そうでないことに気づきました。意外なことに彼は、パーティーの間、仕事の話はまったくしないんですね。とにかくその場は、ホストとして楽しんでもらうことに徹するのです。

つまり、これが「仕事を続けられる人」の方法なのです。

彼らは、ガツガツと情報収集する場を作っているわけではなく、より大きな視点から、人と情報が集まる仕組みを作っているのです。

自分が必要としている人にピンポイントでアプローチし、必要としている情報をピンポイントで得ようとしているうちは、自分が想定していない出会いはありませんし、想定外の情報も得ることができません。

しかし、このような仕組みを作り、かつ人の輪を広げる努力を続けていれば、放っておいても、自分が知らなかった情報が自然と集まってきます。それが仕事のヒントやアイデアの源泉になり、「仕事を続けられる人」のビジネスを支えているわけです。

「わざわざプライベートな空間・時間を使わなくても、仕事の時間内で人間関係を広げることはできるのでは？」と考える人もいるかもしれません。

しかし、仕事だけのつき合いは、ある程度親しくなることはもちろん可能ですが、どこかで一定の距離ができてしまうものです。

この「仕事を続けられる人」のような人間関係作りが巧みな人は、腹の探り合いになりがちなビジネスの場において、フランクな人間関係が築きにくいことをよくわかっているのです。

また、フランクな関係を築けなければ、自分にとって意味のある人脈にはならないこともよくわかっています。

だから、**仕事の話し抜きで、仕事関係の人たちと交流を深められる場を自ら設ける**のです。

一般のビジネスパーソンが、このようにホームパーティーを頻繁に開くことは難しいかもしれません。しかし、ビジネスの場を離れたところで、オープンマインドで人と関係を深めるには、自宅に招くというのはとてもいいことなのです。

45 仕事を続けられる人は、プライベートの人脈を増やすことで数多くの情報が集まってくる！

一方で、「仕事を失う人」は、仕事絡みの人間関係は仕事の時間で完結させようとします。プライベートの時間・空間は仕事ときっちり切り離すので、自宅に仕事絡みの人を招くことはありません。当然、自分が招かれることも少ない。

このようなスタンスだと、ビジネスに活きる人とのつながりは、広がりも深まりもしません。入ってくる情報も限定的になります。

プライベートをどう過ごそうが仕事には関係ない、と考えるなら大間違い。「仕事を続けられる人」との差は確実に広がっていきます。

46

仕事を続けられる人は高級店と大衆店で楽しみ、失う人は大衆店にしか行かない。

「仕事を続けられる人」は、定期的に高級店での食事を楽しみます。

……いきなりこのように書くと、「それだけ稼いでるというだけのことでは？」と思う人もいるでしょうから、前提条件を加えましょう。

ともに収入は同じだとします。それでも、この先「仕事を続けられる人」は定期的に高級店での食事を楽しみ、「仕事を失う人」はいつも大衆店で食事をするのです。

どういうことなのか。

この「仕事を続けられる人」の行動は投資なのです。

ビジネスパーソンにとっては、自分自身の消費者としての感性も大切な発想の源泉です。

もし、「仕事を失う人」のように大衆店にしか通わないと、この感性の幅が非常に狭くなります。数万円を払ってリッチな空間で美味しいものを食べる人の気持ちが、理解できないのです。

「仕事を続けられる人」は、自分の消費者としての感性の幅を広げるために、高級店に足を運びます。一般のビジネスパーソンにとって、消費と考えれば３万円の出費は痛いでしょうが、投資と考えれば３万円はなんとかいける額ではないでしょうか。２〜３カ月に１回程度であれば、少なくとも「とても出せない」という額ではないはずです。

「仕事を続けられる人」は少々背伸びをしても、自分を高めるための体験を買いに行くのです。

ここで大切なのは、食事はもちろん、空間やサービス、客層も含めた店の雰囲気などを一次情報として体感することです。実際にお金を払って、その場に身を置かなければ、意味のある情報は得られませんから。

一方で、**「仕事を失う人」は、せいぜいネットなどの二次情報、三次情報が中心。これらの情報からは気づきや発見は得られません。**

「仕事を失う人」には、投資の感覚がないのです。食事はすべて消費と考えていますから、できるだけ安く済ませようとする。だから経験値は小さいままです。

もし、あなたが「仕事を失う人」の行動パターンに該当するなら、ぜひお金の使い方を見直すことをおすすめします。消費するお金と自分に投資するお金を分けて考えるのです。節約は消費するお金の範囲でやればいい。一方で、将来の成長につながる投資は惜しむべきではありません。目的別に、自分のお金のポートフォリオを改めて考えてみましょう。

また、「仕事を続けられる人」は、流行りの店には必ず足を運びます。流行の店には、必ず流行する理由があります。これも一次情報として体感しなければわからないものです。

「仕事を続けられる人」は、流行っていると聞くと、そこで何が起きているのかが知りたくなるのです。そして、現場で事実を全身に感じようとします。

この好奇心、ミーハー心、フットワークの軽さは、今どきのビジネスパーソンにとっては大きな強みと言えるでしょう。そして、現場でお店の料理・商品やサービスを体感し、客が何に喜んでいるかを観察して、自分ごとに置き換え、活かせるアイデアはどんどん自分の仕事に応用することもできるのです。

「仕事を失う人」は流行りの店にも行きません。

「興味がないよ」と冷ややかにスルーし、またしてもネットでチェックする程度。ここでも幅を広げる機会を失っているのです。

ビジネスにつながるかもしれない一次情報を得るためですから、行って「なんだこんなものか」と感じたとしても、それはそれで一つの発見です。

実際に行けば、「なぜ大したことがないのにこれほど人が集まるのか」と分析することもできるでしょうし、「ひょっとして、自分の感覚が世間とズレているのかも……?」という気づきが得られるかもしれません。それも、一次情報に触れるからこそなのです。

46 仕事を続けられる人は、現場を体験し、消費者としての感性の幅を拡げる！

47 仕事を続けられる人は家庭生活を大切にし、失う人は仕事を優先する。

最近は、働き方改革を推進する会社も増えており、いわゆる「仕事人間」タイプの人は減ってきています。それでも、30代あたりは仕事がおもしろくなってくる時期。ついつい家族より仕事優先になってしまう人もいるのではないでしょうか。

気持ちはわからなくもないですが、そんなあなたは昭和型の「仕事を失う人」です。今どきの、そしてこれからの時代の「仕事を続けられる人」は、家庭生活も大切にします。そのうえで、仕事の結果もしっかりと出すのです。

かくいう私も、20代、30代の頃は、仕事ばかりでプライベートの時間をあまり大切にしていませんでした。

当時の働き方を振り返れば、本当に自分の時間を効率的に活用できていたかどうかは疑問です。残業するのが当たり前の環境でしたから、つい時間管理の意識が緩くなっていたのでしょう。平日に残業して、仕事が終わらなければ、休日出勤するのも当たり前でした。

今は違います。ムダな残業はしませんし、休日はしっかり家族との時間に充てています。子どもの保育園や学校のイベントなどにも積極的に参加するようになりました。夫婦共働きですから、曜日によって送り迎えも分担しています。

仕事人間だった当時よりも、今のほうが仕事も家庭生活もずっと充実しています。

「今は仕事の面で大事な時期。自分はそれほど器用なタイプではないから、『早く帰って成果も出す』なんて無理。成長するためにも仕事に全力投球したい」と考える人もいるかもしれません。

しかし、本書で再三主張しているように、**多様性の時代を生きるこれからのビジネスパーソンは、仕事だけを通して成長するわけではありません。家庭人としての生活を通して成長する部分も大きいのです。**

仕事ばかりの毎日を過ごしていると、普段話す人も限られますし、入ってくる情報も偏ってしまいます。

でも、家族との生活を大事にして、保育園の行事、学校の行事、地域の行事などにも参加していれば、仕事では出会わないさまざまな人とコミュニケーションがとれます。そして、何よりも視野が広がるのを実感できます。


例えば、子育て中の女性部下の考え方や価値観がわからない、その生活の大変さが今ひとつ想像できないという男性上司は、多くの場合、会社でしか子育てしながら働く女性の姿を見ていません。

もし、男性上司自身が保育園の行事に参加したり、お迎えに行ったりして、会社以外の場で「働くママ」たちと接していれば、彼女たちがどのような毎日を送っているか、どれだけ大変な思いをしているかを目の当たりにすることになります。

そんな経験があれば、子育て中の女性部下を見る目は確実に変わるはずです。彼女たちを尊重し、理解しようという気持ちが自ずと生まれてきます。


また、**家庭人として経験することが、仕事の場で直接役立つスキルを鍛えてくれること**

だってあるのです。

例えば、子どもの学校のＰＴＡ活動。役員になって、行事の運営にかかわったり、会議を仕切ったり、他の保護者に仕事を頼んだりする立場になると、本当に大変です。

なぜ大変かというと、会社と違って強制力が働かないからです。部下に「これ、よろしく」と仕事を頼むような感覚でいては誰も動いてくれません。少し言葉が足りないだけでも、すぐに人間関係がこじれてしまいます。

ですから、丁寧にコミュニケーションをして、目的を共有し、相手のモチベーションを高め、感謝の気持ちを伝えることが非常に大切になります。

これは、年上部下などと一緒に働くときに必要なマネジメントの方法の一つです。

家庭人としての生活にしっかり関われば関わるほど、仕事で身につくのとは違う筋肉がどんどん鍛えられていきます。仕事やキャリアにとってむしろプラスなのです。

47 仕事を続けられる人は、家族との生活の中からもビジネスのヒントを得る！

48
仕事を続けられる人は弱いつながりを大事にし、失う人は濃いつながりを大事にする。

人は自分の興味の範囲で行動していると、休日の過ごし方が偏ってきてしまうものです。家族と過ごす場合は、子ども優先になることも多いのではないでしょうか。また、決まった趣味に時間を使ったり、行きつけの店に出かけたり、仲の良い友人に会ったりと、気がつくと「いつもと同じ人づき合い」になってしまいがちです。

このように、新しい出会いに欠ける毎日がダラダラと続くのは危険な兆候。仕事や人生の幅を拡げるには、プライベートな時間で受ける刺激も大切です。

もちろん自ら刺激を求めてアクションを起こすのもいいでしょう。

ただ、人とのつながりを大切にしていると、自分からは参加することがないような種類の遊びやイベントに誘われることがあります。

そのような場合、「仕事を続けられる人」は予定さえ調整できれば、一度は参加します。

自分の経験・知見の幅を広げる絶好のチャンスだからです。

実際、誘いに乗ってみると、自分の知らない世界に出会ういい経験になることがあるのです。私の場合、落語や歌舞伎鑑賞がまさにそれ。それまで一度も歌舞伎を観に行ったことはなく、積極的な興味もなかったのですが、思っていた以上に楽しめました。

イノベーションが求められる今は、一人ひとりのビジネスパーソンの教養や感性がより問われるようになっています。そこに磨きをかけるためには、プライベートでの多様なインプットが大切なんですね。しかし、**常に自分の好みで取捨選択していると、教養・感性の幅は広がっていきません。**ですから、意外な誘いは貴重。

一度参加してみて、もしその遊びが自分に合わなければ、次から断ればいいだけです。

何よりこのような誘いは、初対面のメンバーが含まれていることも多いですから、新たな出会いの機会になります。

もちろん、遊びの誘いですから、仕事で役立つ出会いかどうかなんてことは意識しないほうがいいでしょう。

しかし、このような意外なきっかけで意外なつながりが深まることもあります。せっかくの機会は大切にするに越したことはないのです。

「仕事を続けられる人」は、自分から積極的に動くだけでなく、このように受動的な形でも、ジワジワと自分の世界を広げていくことができます。

なお、**普段あまり会う機会がない友人・知人からの誘いは、より大事にしたいですね。**

このような人たちとの緩い結びつきをウィークタイズと言いますが、ビジネスパーソンがメンタルのバランスを保つうえでは、この関係が大切だとされています。

会社の上司・同僚や家族など身近な人たちとの強い結びつき（ストロングタイズ）とは別に、たまに相談したり、力になってもらったりできる相手としてつながりを保つためにも、ぜひ誘いには応じましょう。

そういった意味では、学生時代の同窓会などもできるだけ参加するべきです。

このように意外な誘い大事にすべきなのですが、**「仕事を失う人」は、友人がいないと**

気詰まりだと躊躇《ちゅうちょ》してしまいます。そして、「行っても得はない」「つまらなそうだ」「休みたい」と思えば、あっさり断ってしまいます。

参加してみなければ、得か損か、おもしろいかつまらないかはわからないはず。このように、自分の狭い判断で、せっかくの機会を逃している人は人生の幅が広がりません。

そして、この手の誘いは一度断ったら次はないですから、弱い結びつき（ウィークタイズ）が途切れてしまうこともあります。このウィークタイズが新しい価値ある情報をもたらしキャリアを切り開くことにも有効であることは、社会学者マーク・グラノヴェッターにより証明されています。

「仕事を失う人」にしてみれば、ちょっとした誘いを何気なく断っただけのつもりでしょうが、実は思いのほか多くのものを失っているかもしれないのです。

48 仕事を続けられる人は、興味あるなしにかかわらず誘いには乗ってみる！

49 仕事を続けられる人は週末の地域の行事に参加し、失う人は週末は引きこもる。

ビジネスパーソンには、３つの居場所が必要です。一つは会社。もう一つは家庭。そして、もう一つは地域のコミュニティや趣味の集まりなどです。

会社しか居場所がない人は、会社の人間関係に疲れたとき、逃げ込む場所がありません。

そして家庭も安らぎが得られる時期はいいですが、３組に１組の夫婦が離婚する時代ですから、状況によっては逃げ場にはなりません。すると、もう一つ必要なんですね。もちろん、趣味の仲間との集まりなどもいいですが、私がおすすめしたいのは、地域コミュニティに積極的に参加し、新しい自分の居場所を作ることです。

同じ地域に住んでいても、地域コミュニティとの関係は人によってまったく違います。積極的に地域の行事に参加したり、地域の課題解決のためにリーダーシップをとったりする人もいれば、まったく地域と関わろうとしない人もいます。

このうち、週末は家に引きこもり、地域と関わらない人は「仕事を失う人」です。この人たちは、そもそも自分にとっての貴重な居場所を一つ失っています。

「居場所なら他に作るから」という人もいるでしょうが、だからといって、地域コミュニティとのつながりを断って生活することには、私は疑問を感じます。

私たちは、さまざまな地域の公的サービスを享受して生活しています。そして、多くの人が、「税金を払っているんだから、サービスを受けるのは当然の権利」と錯覚するようになってしまっています。

しかし、この考え方はおかしいです。

例えば、地域の子どもたちの安全を守るために活動しているのは、行政だけではありません。多くの地域の人たちが、当事者として関わっています。

また、お祭りだって、地元の人たちが協力し合って人のつながりを作り、地元を盛りあげるために定期的に開かれています。

その地域に住んでいる以上、本来は誰もが当事者のはず。でも、それを忘れて多くの人が単なるサービスの享受者になってしまっているのです。しかし、地域がさまざまな課題を抱えている中で、これからは一人ひとりが当事者として地域に関わることが求められるようになります。

今のようにお互いが孤立した状況がさらに進んでいけば、待っているのは誰にとっても暮らしにくい社会。新しい相互扶助のためのつながりを、自分たちで作っていくことが必要になっているのです。

例えば、昔の地域コミュニティでは、近所の家で半日子どもの面倒を見てもらうということも気軽にできました。当たり前に助け合って生活していたのですね。

このようなかつてのコミュニティをそのまま再現することはできなくても、お互いがお互いに関心を持ち、助け合う新しいつながりや仕組みは、多くの地域で求められています。

「自分は関係ない」という態度をとり続けるのは、無責任というものでしょう。

だから、「仕事を続けられる人」は、積極的に地域コミュニティに関わります。**週末は地域の行事に参加し、そこで地域の人たちとつながりを広げ、自分が力になれることがあれば、地域の課題解決にもリーダーシップを発揮します。**

「仕事を失う人」から見れば、余計な仕事が増えて大変なだけに見えるかもしれませんが、違います。

地域に関わる「仕事を続けられる人」は、仕事の場では会えない多様な人たちの考え方や価値観に触れ、その多様な人たちと協力し合って課題解決に取り組みます。そうすることで、広い人材のマネジメントに必要な力をしっかり養っているのです。

ビジネスの世界でも、そこに課題があれば、目先の損得に左右されず積極的に関われる人材がこれからは求められます。面倒だからと引きこもってしまいがちな「仕事を失う人」は、地域はもちろん、いずれは会社でも居場所を失っていくでしょう。

49

仕事を続けられる人は、多様な人たちと協力し合うことでマネジメント力に磨きをかける！

50

仕事を続けられる人は長期の休みを取り、失う人は有休を消化できない。

疲れているときには、なかなかいいアイデアが思い浮かばないものです。体の疲れももちろん影響しますが、頭の疲れが溜まってくると企画系の仕事は、どんどんパフォーマンスが落ちていきます。

だからこそ大事なのは、**最高のパフォーマンスが発揮できるように、頭・心・体のコンディションを整えること。**

ここでも「仕事を続けられる人」と「仕事を失う人」には、大きな差があります。

「仕事を失う人」は、自分のパフォーマンスが落ちていると感じても、ひたすらエンジンを吹かし続けます。

精神論・根性論で、頑張り続ければパフォーマンスが上がると思い込んでいるのですが、実はまったく逆効果。コンディションは低下していくばかりです。

こういう人は、休むことを恐れますから、有給休暇は溜まっていくばかりです。

このタイプの「仕事を失う人」が上司だと部下はたまりません。休まないことや長時間労働に価値を感じているので、部下にもそれを求めます。結果、チーム全体のパフォーマンスはどんどん落ちてしまいます。

それに対して、「仕事を続けられる人」は毎年のように長期の休暇を取ります。この人たちは、心・頭・体のコンディションを良好な状態に持っていくには、たまには思い切って長めの休みを取って、メリハリをつけることが必要だとよくわかっているんですね。休むことはパフォーマンスを上げるための戦略なのです。

だから、**「仕事を続けられる人」は、忙しくても、毎年1回程度、10日とか1カ月とか、事前に計画したうえでしっかり休みます。**

「そんなに長期の休みを取ったら、職場に迷惑がかかってしまうし、そもそも認めてもらえない」と考える人もいるかもしれませんが、休暇を取ることは労働者に認められた権利。もちろん直前に長期の休みを申し出たら、職場にも上司にも迷惑がかかりますが、年度のはじめにプランを立て、繁忙期を避けて早めに申し出れば、調整するのは上司の仕事です。長期休暇は取ろうと思えば取れるのです。

多くの職場で、毎年長期休暇を取るなんてとても無理だと思い込んでいる人が多いのは、ほとんどの場合、ただ単に周りが誰も取らないからです。

しかし、社員が順番に長期の休みを取っている会社は現実にあります。同時に何人が長期休暇を取るなどの問題が起きないよう調整すれば、どうにでもなる話なのです。私たちの会社でも毎年必ず1カ月ほど休み、海外に出かける社員がいますが、仕事の成果もチームワークもまったく問題ありません。

そして、ここが最大のポイントです。しっかり休んだ人のほうが、リフレッシュして良好なコンディションで働くことができます。そして休んだ分を差し引いても、トータルのパフォーマンスは上がります。つまり、会社にとっても上司にとっても損はないのですから、遠慮なく取得すればいいのです。

なお、この休暇は、勤続疲労している頭と心をリフレッシュすることが目的ですから、ただ休めばいいというわけではありません。

日常にはない刺激、視野を広げる体験、とことんリラックスできる時間を求めて、しっかりプランを立てることが大切。

せっかくの長期休暇ですから、やはり旅行がおすすめですね。早めに計画を立てれば、海外旅行も、旅行者が少ない安い時期をねらうことができます。

旅行に行ったら、仕事のことは完全に忘れて満喫しましょう。長期間職場を離れるといろいろ心配になりますが、目的はリフレッシュ。仕事を忘れることが仕事です。

また、観光地巡りやレジャー、食事を楽しむのももちろんいいですが、せっかくですから現地の人たちと積極的にコミュニケーションをとりましょう。

私自身、旅行に行くたびに感じることですが、人と交流することで得られる刺激や気づきこそが、いちばんのお土産なのです。

50

仕事を続けられる人は、心身のリフレッシュを定期的に行う！

おわりに

最後に、私たちの会社のセミナーに参加した、ある若いビジネスパーソンの事例を紹介します。

彼は、メーカーで購買の仕事を担当していました。購買のミッションは、下請け先と交渉し、資材や部品をできるだけ安く仕入れること。彼は、そのミッションに従って、強引な価格交渉を進め、結果としてコストダウンを実現しました。

会社からは当然「よくやった」と高く評価されました。

しかし、後日、彼が仕入れ値を下げさせた下請け先で、大規模なリストラが行われました。それを知った彼は、強烈な後味の悪さを感じ、夜も寝つけなくなったそうです。

結果、彼はそのメーカーを辞め、転職します。誰かを苦しめることで、自分たちだけが利益を得るような仕事をこれ以上続けたくないと思ったのです。

その後、彼が辞めたメーカーは業績不振に陥りました。一方、彼は自分の価値観に合った転職先でのびのびと働いています。

私は、時代の変化を象徴するエピソードだと感じました。

自分たちさえ儲かれば周囲を犠牲にしてもいいと考えるような会社は、これからは食えなくなっていきます。他者からの搾取で成り立つ利益至上主義の経営には、社会も厳しい目を向けるようになっていますし、従業員も働きがいを感じることができないからです。

また、そのような会社で、組織の価値観に染まり、社内の評価だけを気にして働く内向きな個人もこれからは食えなくなります。会社とともに沈んでいくことになるでしょう。

一方、これからの「食える会社」とは、パートナー企業との共生、地域との共生を考え、「みんなが食える」仕組みを創造できる会社でしょう。

同じように、「仕事を続けられる人」とは、自分ことだけではなく、周囲を食えるようにすることを考え、それを実践できる人です。

彼が辞めた会社の経営が結果として苦しくなり、彼がその後、気持ちよく働くことができているのは、決して偶然ではありません。

彼は、何が正しいのかを自分の頭で考え、本質を見抜き、自分の決断に従って行動しました。私は、まさにそれこそが、先行きの見えない時代に進むべき道を見出す唯一の方法だと考えています。

今、一人ひとりのビジネスパーソンに問われているのは、集約すれば「人としてどう生きるか」ということです。正しいと思ったことやり抜き、周囲や社会を幸せにする人は、求められ続ける。だからこそ「仕事を続けられる」のです。

前川孝雄

株式会社ＦｅｅｌＷｏｒｋｓ代表取締役／

株式会社働きがい創造研究所会長／青山学院大学兼任講師

著者が代表を務める人材育成コンサルティング企業

株式会社FeelWorks

『この国に「人が育つ現場」を取り戻す』をビジョンに掲げ、独自の「コミュニケーション・サイクル理論」をもとに、2008年の創業以来、350社以上の人材育成を支援しています。

■人材開発

【経営者・幹部向けサービス】

・組織力を最大化する「人を活かす経営者ゼミ」
・働きがいあふれる「組織の創り方研修」
・制約を持つ人材を活かす「ワークライフマネジメント経営講座」

【管理職向けサービス】

・部下を育て活かす「上司力研修」シリーズ
（若手を育てる・女性の活躍を支援する・年上の部下を喚起する etc.）
・仲間と続けるアクションラーニング「上司力鍛錬ゼミ」
・部下との信頼関係を構築する「傾聴研修」
・組織を活性化させる「ファシリテーション研修」
・部下との面談で思いを引き出す「質問力研修」

【中堅社員・管理職候補層向けサービス】

・組織の中核を担う「プロフェッショナルマインド研修」
・ベテランのための「ライフキャリア研修」
・後輩を指導するOJT力を強化「先輩力研修」
・女性のための「組織で活きるコミュニケーション研修」
・生産性の高い「会議の進め方研修」

【新入社員・若手社員向けサービス】

・ドラマ映像で学ぶ「働く人のルール講座」
・組織人の自覚を持たせる「キャリアコンパス研修」
（内定者・新入社員・3年目社員 etc.）ｅｔｃ.

【オリジナルケーススタディ開発サービス】

■組織開発

【社内コミュニケーション活性化支援】

・「人が育つ現場を創る社内報」編集
・社内イベントプロデュース　ｅｔｃ.

【コンサルティング（プロジェクト型・顧問契約型）】【ファシリテーター派遣】

http://www.feelworks.jp/

※本書のご感想、研修・コンサルティングなどのご依頼、お問い合わせ先

mail：info@feelworks.jp　TEL：03-6206-2771

■著者略歴
前川　孝雄（まえかわ・たかお）
（株）FeelWorks 代表取締役
（株）働きがい創造研究所会長
青山学院大学兼任講師
大阪府立大学、早稲田大学ビジネススクール卒。（株）リクルートを経て、08 年に「人を大切に育て活かす社会づくりへの貢献」を志に起業。「上司力研修」、「プロフェッショナルマインド研修」、「キャリアコンパス研修」、「人を活かす経営者ゼミ」、「育成風土を創る社内報」などを手掛け、350 社以上で「人が育つ現場づくり」を支援。自らも年間 100 本の講演、TV「ワールドビジネスサテライト」「とくダネ！」「サキどり↑」にも出演。現場と経営を繋いだリーダーシップ開発、ダイバーシティマネジメント、キャリア支援に詳しい。
読売新聞「前川孝雄のはたらく心得」、YAHOO！「前川孝雄の人が育つ会社研究室」など連載も多数。
『「働きがいあふれる」チームのつくり方』（ベストセラーズ）、『上司の 9 割は部下の成長に無関心』（PHP 研究所）、『5 人のプロに聞いた！ 一生モノの 学ぶ技術・働く技術』（有斐閣）など著書多数。

※本書へのご感想等は
info@feelworks.jp

本書の内容に関するお問い合わせ
明日香出版社　編集部
☎（03）5395-7651

「仕事《しごと》を続《つづ》けられる人《ひと》」と「仕事《しごと》を失《うしな》う人《ひと》」の習慣《しゅうかん》

2018 年　7 月　18 日　初 版 発 行

著　者　前《まえ》川《かわ》孝《たか》雄《お》
発行者　石　野　栄　一

明日香出版社

〒112-0005 東京都文京区水道 2-11-5
電話（03）5395-7650（代 表）
（03）5395-7654（FAX）
郵便振替 00150-6-183481
http://www.asuka-g.co.jp

■スタッフ■　編集　小林勝／久松圭祐／古川創一／藤田知子／田中裕也
営業　渡辺久夫／浜田充弘／奥本達哉／野口優／横尾一樹／関山美保子／藤本さやか　財務　早川朋子

印刷　美研プリンティング株式会社
製本　根本製本株式会社
ISBN 978-4-7569-1978-6 C0036

編集担当　久松圭祐

ISBN978-4-7569-1935-9

社員ゼロ！
会社は「1人」で経営しなさい

山本 憲明著

B6 並製　208 ページ　本体 1500 円＋税

社員を雇わず一人で経営し、成功するための方法を税理士視点からまとめる。

会社を大きくせずに、一人で経営することのメリットがわかる。ムリのないや先を見通した経営計画の立て方と心得を説きます。

ISBN978-4-7569-1855-0

起業を考えたら必ず読む本

井上 達也著

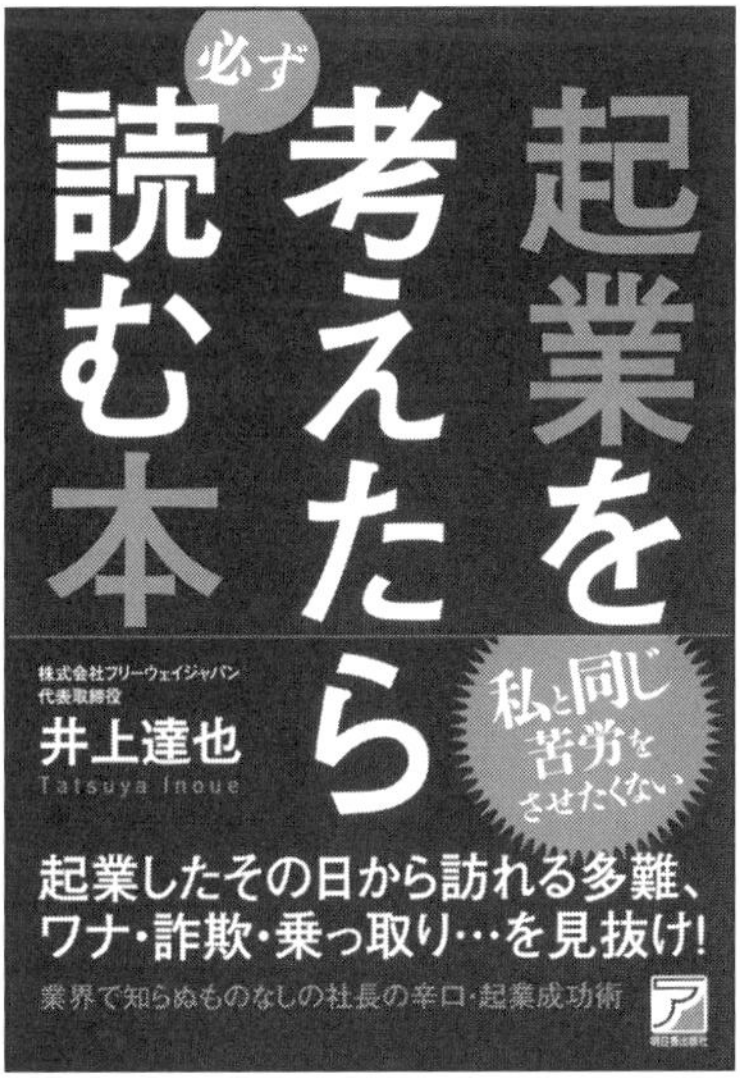

B6 並製　248 ページ　本体 1500 円＋税

会社をいちからたたき上げ、強くしてきた自負があるからこそ書ける、起業のアドバイス本。起業を思い立ったらやること、決意して会社を辞める前にやっておくこと、会社を作ったらやること、負けず成功するために心に刻んでおくことなどのアドバイスを紹介。コンサルが書いたものにはない、力強さがあります！